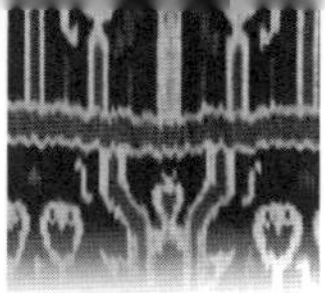

近代東アジア史像の再構成

中村 哲《なかむらさとる》

桜井書店

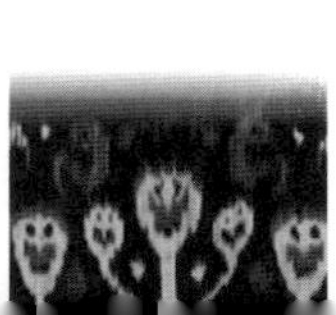

序言

急激に変化しつつある現代世界のなかでも、東アジアは経済発展の面でとくに抜きん出ており、世界の注目を集めている。一方、その経済発展はかなり最近のことであり、また多くの問題を抱えており、政治的な国際秩序も未形成で、不安定性が大きい。そのような点から東アジアの経済的・政治的未熟性を強調する見解も強い。東アジア経済に対する評価は非常に振幅が大きいのである。その欠陥が典型的にあらわになったのが、九七年七月に始まった東アジア通貨・金融危機のときである。一九九三年、世界銀行は、***The East Asian Miracle: Economic Growth and Public Policy***（『東アジアの奇跡——経済成長と政府の役割』東洋経済新報社、一九九四年）という調査報告を発表し、東アジアの経済発展を賞賛した。ところが、九七年七月のタイに始まった通貨・金融危機がフィリピン、マレーシア、インドネシア、韓国に波及し「東アジア経済危機」に発展すると、ＩＭＦ、世界銀行は一転して東アジア経済の欠陥が危機を引き起こした原因であり、構造的な改革が必要であるとして、過酷なコンデショナリティを課した。しかし、その政策は東アジアの実情に合わず、かえって危機を深刻化する結果を招いた。

東アジア経済の研究をとっても、東アジア経済に対する評価はつねに大きく揺れ動いている。東アジア経済の研究は依然として表面的なレベルにとどまっており、急激な現実の変化に振り回されている。その原因は何であろうか。

現在、世界において、資本主義的広域経済圏は、ＥＵを中心とするヨーロッパ、北アメリカ（ＮＡＦＴＡ）と東アジアである。そのなかで東アジアの資本主義は西ヨーロッパ、北アメリカに比べきわめて新しく、また変化も激しい。その研究レベルが西ヨーロッパ経済や北アメリカ経済に比べて低いのもやむをえないともいえる。もう一つの条件は、経済学、広く言えば社会科学が欧米的偏りを持っていることである。社会科学・経済学は、西ヨーロッパで成立し、欧米で発達してきた。そのためにどうしても欧米中心的な偏り・歪みがある。無意識的に欧米を基準としてその他の世界を考える傾向がある。

日本の社会科学・経済学は、すでに成立して一〇〇年以上経つのにいまだに輸入学問的な性格が強い。たえず欧米の研究動向に注目し、その後追いをする傾向がある。そのために日本の研究動向が欧米の研究動向に左右され、研究のテーマや傾向、内容が日本のなかで継続し、発展していくということが弱い。日本の研究者、とくに欧米を研究する日本人研究者は日本人の研究を評価しない傾向がある。

私が経験した事例を一つあげると、河野健二・飯沼二郎両氏を中心にしたグループの共同研究の成果が、一九六七年に『世界資本主義の形成』、一九七〇年に『世界資本主義の歴史構造』（いずれも岩波書店）として発表された。これは産業革命以後の世界資本主義を周辺部を含めて三層構造として捉えたすぐれたものであったが、日本ではあまり問題にならず、共同研究も打ち切られてしまった。同じ六七年に、A・G・フランクの ***Capitalism and Underdevelopment in Latin America*** が発表され、六九年の ***Latin America: Underdevelopment or Revolution*** との両書から主要論文を編集した日本語訳が七六年に『世界資本主義と低開発』（大崎正治ほか訳）として公刊され、日本で新従属理論がさかんになった。I・ウォラースティンの世界システム論は世界資本主義の三層構造論であるが、その ***The Modern World-System*** が出たのは一九七四年であり、日本語訳『近代世界システム』I II（川北稔訳）は八一年に出ている。以後、世界システム論がさかんになる。日本における世界資本主義論は欧米の理論の導入という形になったのである（この経緯については、共同研究者の一人であった角山栄氏が『中央公論』二〇〇〇年三月号の「経済史から生活史へ」後編のなかで書いている）。東アジアに関する知識がなく、その研究も知らない新従属理論や世界システム論の適用によって東アジア近代経済を理解しようとしたことが東アジア資本主義の理論化をおくらせる大きな原因になったと思われる。外国の研究成果に学ぶことは必要だが、自立的な姿勢でなければならないであろう。

経済は全体としての社会の一部・その経済的側面であるから、社会の他の側面と関連している。東アジア広域経済圏は、他のヨーロッパ、北アメリカ広域経済圏とは社会のあり方がかなり異なり、資本主義のタイプが異なるために、欧米で発達してきた社会科学・経済学の理論ではうまく説明できない面が多い。その理論で無理に東アジア資本主義を説明すると現実との食い違いが大きくなってしまう場合が多い。もちろん、社会科学・経済学は欧米的偏りはあるが、世界的な普遍性をも有するから、その理論・方法を十分踏まえなければ東アジア資本主義のあり方を捉えることはできない。近代社会科学・経済学の理論と方法を吸収し、東アジアの現実を十分に調査・分析して、それを理論化する努力を積み重ねていくよりほかにない。

もう一つ。東アジア経済は急速に発展し、また変化が激しい。研究はその変化を追いかけることに努力を費やしてきた。そのため現実の変化に研究が振り回され、研究のブレが現実の変動以上に大きくなる傾向がある。現実の変動に振り回されないための一つのやり方は、現実の変化を長期的な視野で捉えることである。しかし、東アジア経済の歴史的研究は非常に不足している。東アジア経済の現状を追うのに忙しく、歴史に手が回らないこともあるが、歴史学のあり方にも問題がある。歴史学が各国別になっていて、東アジアの歴史を全体的に、一体として捉える研究が少なく、研究者は自分の専門とする国以外の国には関心が弱く、知識もないのが普通である。

歴史研究者が現状に関心を持たないので、現状の研究と歴史研究の関連性が弱いということもある。

日本では、東アジアというと日本を含まないことが多い。学界だけでなく、マスコミや一般の人の意識でも東アジアというと日本以外の東アジアであることが多いのではないか。日本人がそのような意識をもつにはさまざまな原因がある。日本が経済的に先進国で、それ以外の東アジア諸国が発展途上国であること（現在そうではなくなりつつあるが）、日本人の欧米志向（脱亜意識）、近代東アジアの歴史を日本帝国主義と半植民地（中国）、植民地（朝鮮、台湾など）、占領地（東南アジア）との対立という枠組みで捉える思考様式が有力であったこと、学問分野が日本とそれ以外の東アジアは分かれていて、その間の研究交流があまりない、歴史教育も日本史と世界史に分かれ、世界史は事実上日本を含まない他国史であり、その他国史は西ヨーロッパ中心で、東アジアの記述が少なく中国を除いて断片的であること、などなど（日本の歴史教科書のこのような欠点については、中村哲編著『歴史はどう教えられているか――教科書の国際比較から』ＮＨＫブックス、一九九二年、中村哲「国際相互理解を深める歴史教育の必要性」『唯物論と現代』二四号、二〇〇〇年一月、参照）。

しかし、日本は東アジアのなかで歴史を形成してきたし、他の東アジアの側から見ても日本を除いてその歴史を理解することは困難である。とくに近現代についてはそうである。意識的・無意識的に日本を除いて東アジアを考える、あるいは日本を東アジアにとって外在的なものとして捉える思考様式が日本人の東アジア理解を弱め・歪めてきたのである。

なお、従来、東アジアとは、中国、日本、韓国、北朝鮮、台湾などを含む地域を指す場合が多かったが、私は、東アジアを東南アジアを含む地域名称とし、従来、東アジアといわれてきた地域を東北アジアという。最近、東北アジアと東南アジアの政治的・経済的関係が強まり、一つの経済圏を形成するようになり、今後ますますその傾向が強まると考えられるし、また、最近の研究の進展により、歴史的にも東北アジアと東南アジアの関係が、従来考えられてきたよりも強いことが明らかになってきた。

本書は、私が一九九二年から二〇〇〇年までに発表した東アジアに関する論文を集めて編集したものである。『近代世界史像の再構成——東アジアの視点から』（青木書店、一九九一年）の続編でもある。一九九〇年代は世界も東アジアも日本も激動の時期であった。収録論文の内容もすでに古くなった部分もあるが書き直しはしなかった。ただ、統計数字については、執筆当時のものについては現在に近いその後の時期の数字を〔　〕内に示しておいた。

最後になったが、本書刊行についてお世話になった桜井香氏に感謝したい。桜井氏は長年仕事をしてきた青木書店を退職され、自前の出版社を立ち上げた。その門出を祝って本書を桜井書店から出版できることは私にとっても喜びである。桜井氏の今後の健闘を祈りたい。

二〇〇〇年九月一九日

中　村　　哲

目　次

序　言　3

第一章　東アジア資本主義史の探究 ……………………… 15
　　――最近の研究に依拠して――

はじめに――分析視角 ………………… 15
第一節　東アジア近世・近代経済史研究の新しい流れ ………… 16
第二節　小農社会論 ………………… 18
第三節　東アジア経済圏論 ………………… 25
　1　市場・通貨システム類型論――黒田明伸氏　26
　2　アジア域内経済ネットワーク論（アジア間貿易論）――杉原薫氏　32
むすびにかえて――東アジア資本主義形成の諸段階・諸特徴 ………… 36

第二章　両大戦間期の東アジアと日本資本主義 ………… 47

はじめに ………………… 47
第一節　朝　鮮――植民地資本主義の形成 ………………… 49
　1　数量的変化　51

2　工業化　54
3　植民地期工業化の特徴　59
第二節　中　国——開発独裁型中進資本主義化……60
1　中国の政治的対外従属性　62
2　中国資本主義の形成と国民政府　64
3　日本の対応　69
第三節　東南アジア——植民地経済から東アジア・太平洋経済圏の端緒へ……71
1　植民地経済の形成　71
2　貿易構造の転換　74
3　現地経済の変化——華僑、小農経営の台頭　78
4　日本の工業化とその特徴　80
5　日本の対応　83
おわりに——いくつかの論点……85
第三章　日本の資本主義化と中小工業……95
——日本資本主義形成の一特質——
はじめに……95
第一節　日本の工業生産における中小工業の比重……96
——国際比較——

第二節　中小工業の発達の諸条件……101
1　歴史的前提条件　102
2　欧米技術の導入とその模倣、在来技術への適用による在来技術の改良　103
3　相対的過剰人口の蓄積と豊富な低所得・低賃金労働力の形成　105
4　電化と内燃機関の発達　106
5　移植大工業や輸入による新素材の供給　107
6　重層的生産・市場・消費構造の形成　108
7　輸出工業化とアジア市場　111
第三節　中小工業の存在形態の特徴……114
1　地域的集中と地域内における社会的・工程間分業の高度の発達　115
2　商業資本の大きな役割　117
3　大工業との関係　118
第四章　東アジア資本主義形成の歴史的諸条件……129
はじめに……129
第一節　東アジア資本主義研究の視角……132
第二節　世界資本主義の発展諸段階……136
——周辺部から見た——
1　一九世紀の世界資本主義　137
2　第二次大戦後の世界資本主義　145

第三節　東アジア資本主義形成の内的諸条件……152
1　農業の小経営的発展　153
2　近代的土地改革　155
3　インフォーマル部門　157
4　中小工業　159
5　国家と社会統合　162
6　植民地のあり方　166

第五章　二〇世紀資本主義から二一世紀資本主義へ……183
はじめに……183
第一節　現代の歴史的位置……183
——二〇世紀資本主義から二一世紀資本主義への移行期——
第二節　本格的資本主義の世界化傾向……190
1　世界経済の二〇世紀資本主義から二一世紀資本主義への移行　191
2　資本主義の成熟　192
3　農業の停滞と危機　195
第三節　資本主義成熟の人類史的意味……196
1　マルクスのいわゆる「史的唯物論の定式」　196
2　「史的唯物論の定式」の問題点　198
3　二一世紀の見通し　200

第四節　東アジアのなかの日本資本主義……200
第五節　二一世紀の可能性……204
1　国家間の所得格差の縮小傾向　204
2　国内の所得格差の拡大傾向　206
3　生産システムの変化　207
4　中小工業の変化　209
5　非営利経済の拡大　209
初出一覧　214

第一章　東アジア資本主義史の探究
――最近の研究に依拠して――

はじめに――分析視角

最近、我が国におけるアジア研究、とくに東アジアに関する歴史研究は急速に発展している。それは単に実証研究が進んだということだけでなく、それを基礎にしつつ新しい理論的枠組みの構築が進んできたのである。

近代社会科学は西ヨーロッパで成立し、発達してきた。そのためにどうしても西ヨーロッパ中心主義的な偏りがある。意識するとしないとにかかわらず西ヨーロッパ以外の地域は、西ヨーロッパより遅れた社会であり、経済が発達すればいずれは欧米に近づく、あるいは近づくべきであるという考え方が根強く存在する。九七年からの東アジア通貨・金融危機にもそうした傾向が顕著に現れた。たとえばクローニイ・キャピタリズム論。そうした考えに反発し、東アジア社会の独自のあり方を追求しようとする立場ももちろんあるが、その理論的レベルは欧米のそれに比べて高いとはいえなかった。最近の東アジア史、とくに経済史研究の新しい潮流は世界の研究の理論的成果を吸収し、東アジア史に関する実証研究をふまえ、新しい理論的枠組みを提起しつつある点で画期的である。これらの研究はまだ完成されてはいないが、今後論争を通じて相互に刺激しあい、相互に補完しあって、理論的枠組みを広げ、体系化されていくのではないだろうか。

そのような見通しに立って、本章ではそれらの新しい研究の成果をできるだけ組み入れて、東アジア資本主義の形成に関する理論的枠組みを構成してみたい。しかし、それらの研究の傾向はさまざまであり、相互に対立・矛盾する場合もあるし、また、私自身の関心のあり方や能力の問題もある。そこで本章では、小農社会論と東アジア経済圏論を大きな枠組みとして設定し、副次的に植民地資本主義論と日本資本主義の複線的形成論を使うことにする。

第一節　東アジア近世・近代経済史研究の新しい流れ

最近の東アジア近世・近代経済史研究の新しい流れは極めて多様であるが、その傾向を大づかみにまとめると次のようになる。

(1)　空間的に見ると、一国単位ではなく、国を越えてより広域的に捉えようとする志向、東アジアを一体的に捉えようとする志向をもつ。従来の研究は圧倒的に一国単位であり、そうでない場合は二国間関係史や国際関係史であった。

(2)　時間的には、一九四五年で戦前・戦後として時期区分し、両時期を分断するのではなく、連続的に捉える志向性をもつ。従来は戦前と戦後（中国は一九四九年の革命の前と後）を断絶面を主要な側面として捉える傾向が強かった。

(3)　東アジアの経済発展を重視する傾向。これは近年の東アジアの急速な経済発展を反映したものだが、さらにここから東アジア経済発展の歴史的条件に対する関心が生まれた。従来の研究はいわゆるアジア的停滞論や日本・欧米帝国主義による搾取・収奪、あるいは発展の歪曲を重視する傾向が強かった。

(4)　日本資本主義を組み入れて東アジアの経済発展を捉えようとする傾向である。日本と他の東アジアの経済関係の相互依存的・補完的側面を重視し、日本資本主義を東アジアの経済発展の一つの核と考える見方である。これまでは、そのような見方は日本帝国主義美化論であるとされ、批判されることが多かった。従来は日本帝国主義批判の立場から日本の東アジア侵略を重視し、日本資本主義と他の東アジアとの関係を対立面を中心に捉える傾向が強かったのである。また、近代化論の立場からは、日本は近代化に成功したが他の東アジアは失敗した、あるいは近代化に後れをとったとした。この二つは反対の立場ではあるが、日本と他の東アジアを対立的・分断的に捉える点では共通していたのである。

(5)　東アジアの経済発展の独自のあり方、欧米の近代経済発展とは異なる側面を解明しようとする志向性である。この点が東アジア経済史研究の新しい流れのなかでも、最も主要な傾向であると考えられる。はじめにでも述べたが、日本に近代社会科学が導入されてから一世紀以上を経てようやく東アジアの経済発展について、欧米とは異なる経済システムのあり方を追求し、それを理論化しようとする明確な志向をもつ研究が出てきているのである。そして経済システムの背後には欧米とは異なる社会的・文化的・政治的条件があるから、この傾向は同時に経済を社会や文化や政治と関連させて捉えようとする傾向を生んでいる。この傾向は近世・近代に限らず、前近代史にも及び始めている。

以上のような特徴をもつ東アジア経済史研究の新しい潮流の主要なものをあげれば、次のようである。①アジア域内ネットワーク論（アジア間貿易論）、②植民地資本主義論、③小農社会論、④市場・通貨システム類型論、

⑤前近代専制国家論、⑥日本資本主義の複線的形成論、など。本章では、①③④の研究の枠組みを中心に、副次的に②⑤⑥の研究を利用する。アジア域内ネットワーク論は杉原薫氏の研究であり、小農社会論は主として私の考えにより副次的に宮嶋博史氏の研究を利用する。市場・通貨システム類型論は主として黒田明伸氏の研究によるが、私の考えを加える。植民地資本主義論は堀和生氏と私の研究であり、前近代専制国家論は足立啓二氏、渡辺信一郎氏の研究に私の考えを加えることにする。

第二節　小農社会論

小農とは農業における小規模経営であり、小規模経営（小経営）とは、労働過程が基本的に孤立的に行われる、つまり経営内で協業・分業が行われていないか、不完全にしか行われていない、また、社会的過程（生産関係）においては家族労働のみで、他人労働（雇用労働や奴隷・農奴などの隷属的労働）を含まない経営である。(1) 小経営は少なくとも原始社会の解体以後世界において普遍的に存在しているが、その多くは経営的に極めて不安定であり、つねに形成と消滅を繰り返してきた。経営的に安定していたのはなんらかの形で他人労働を導入した比較的大きな経営であった。たとえば、領主的な経営や家父長的奴隷制経営など。そして、不安定な小農はその安定的な経営にいろいろな面で依存しているか、大河川流域を中心とする専制国家型の社会では国家の治水をはじめとする管理のもとで成立できた。(2) それでもなお、不安定性は大きかった。

不安定な、他の経営や国家に依存しなければ成立しえない小農ではなく、自立し安定的な経営を行う小農が、社会的・一般的に形成されるのは歴史の一定の段階であり、かなり新しい時代である。それは世界のなかでも一五・一六世紀の東北アジアと西ヨーロッパであり、その他の地域では自立的・安定的小農の形成はもっと遅れるか、あるいは形成されなかった。

(1)　東北アジアにおける小農経営の特徴

東北アジアは西ヨーロッパとならんで、世界のなかで小農経営が最も発達した地域である。西ヨーロッパとの違いは、その経営面積がはるかに小さいことであるが、それは基本的には農法の違いに規定されたものであり、休閑農法と中耕農法の違いである。(3) 農法の差異は主として気候条件によって規定される。

西ヨーロッパ（アルプス以北）は夏にそれほど気温が高くならず、雨量も多くない。植物の生育にはあまり適当とはいえない気候条件であり、そのため雑草が繁茂しない。そこで三年に一回休閑して雑草を駆除すればよく、作物の生育していない耕地の除草であるから、馬や牛で牽引する犂で休閑耕を行った。この方法は除草労働が比較的少なくてすむので、同一労働で東北アジアよりも広い面積の経営が可能である。同時に、この気候条件は作物の生育にも同じように作用するから、単位面積当たりの作物の収穫量は東北アジアよりはるかに少ない。

これに対して、東北アジア、とくにそのモンスーン地帯は夏に高温多雨であり、作物の生育も旺盛であるが雑草も繁茂する。雑草を駆除しないと作物は雑草との競争に負けて収穫が激減してしまうが、除草をよくすると作物の収穫は飛躍的に増加する。作物が生育している耕地で除草しなければならない、つまり中耕除草であるために、除草は人間が直接（家畜などを使用するのでなく）行わなければならないことが多い。そのために極めて労働集約的となり、家族労働による経営面積は小さくなるが、土地生産性は極めて高い。西ヨーロッパは相対的に大面積経営になるために耕起も畜力耕になり、三圃制における休閑地、刈り跡における共同放牧とも関連して、農業において耕種とともに牧畜が重要性をもつ。西ヨーロッパの気候は牧草の生育には比較的適していることもある。東北アジアでは経営面積が小さく人力耕が多いので大型家畜の農業における重要性が西ヨーロッパと比べて低く、牧畜は発達せず耕種中心の農業である。相対的に、西ヨーロッパは土地生産性は低く労働生産性は高い農業であり、東北アジアは土地生産性は高く労働生産性は低い農業である。なお、東南アジア、南アジア（インド、パキスタン）も東北アジアと同じく中耕農業であるが、自立的小農の形成は遅れた。

(2)　共同体と農村市場

自立的小農に先行する古代・中世の不安定な・未発達な小農には、奴隷・農奴などの労働力を使用する相対的に大規模な経営や治水などの小農の再生産条件を確保・維持し、小農を管理する国家が必要であった。より発達した自立的小農も社会のなかで単独で再生産を維持することはできない。小農経営の発達にはそれを支える社会的・経済的組織が必要であり、また、小農経営の発達はそうした組織を発達させる。その主要なものは、共同体と農村市場である。それは小農自身の組織である点が未発達な・不安定な小農の場合と質的に異なっている。共同体には、地縁的な村落共同体と血縁を原理とする同族集団があり、農村市場としては定期市がある。共同体は閉鎖的な組織で成員と外部の人間を明確に差別するのに対し、農村市場は開放的で原則として誰でも参加できる。

世界のなかで村落共同体が最も発達したのは西ヨーロッパであり、それについで日本であった。中国では村落共同体はほとんど発達しなかったし、(4) 朝鮮においてもその発達の程度は弱かったようである。そのかわり、中国、朝鮮では同族集団が日本よりも発達した。農村市場は小農経営がある程度発達したところではどこにでも成立したが、東北アジアは世界のなかでも、農村市場、とくに定期市が発達した地域である。中国、朝鮮では、二〇世紀に入ってからも小農の交換の場は主として定期市であった。

西ヨーロッパと日本は農村市場も発達したが、定期市から常設店鋪へ発展するのが比較的早く、西ヨーロッパでは一六・一七世紀から、日本では一七・一八世紀から農村部に小都市が形成され、そこにある商店が農民の生産物の販売・日常必需品の購入先として重要性を増していった。

小農経営が世界のなかでとくに発達した東北アジアと西ヨーロッパでは、それを支える社会的・経済的組織も発達したが、そのあり方はかなり違いがある。中国、朝鮮は開放的な農村市場を中心にして、閉鎖的な同族集団が副次的役割を果たしたが、西ヨーロッパは閉鎖的な村落共同体が中心で、農村市場は重要ではあるが副次的であった。日本は村落共同体、農村市場とも発達し、両者の中間であるが、どちらかといえば西ヨーロッパに近い。

(3)　東北アジアにおける小農経営の発達

農耕は気候と作物の生育に規定されて季節性が大きく、労働需要もそれにともなって年間を通じて大きく変動する。それに比べると牧畜は労働需要の季節的変動がはるかに小さい。そのため耕種中心の東北アジアの小農は、経営を発展させるうえで、労働需要の年間を通じての変動を小さくし、なるべく平均化することが決定的に重要である。労働の季節性の異なる作物を組み合わせたり、二毛作、三毛作を行い、稲作でも早稲、中稲、晩稲を栽培したり、各種商品作物を栽培するなど、労働需要の季節差を小さくして、同一労働力で経営の総生産物を増加する必要があった。

東北アジアでは小農経営の発達は労働集約的な多角経営の方向をとることになる。さらに、小農が余剰労働力を使って収入を増やそうとすると、兼業化に向かうことになる。農業の傍ら副業として商工業、サービス業、賃労働などに従事するのである。そして一つの経営が年間を通じて各種の、季節によっても異なる労働を複雑に組み合わせて、経営としての効率性を高めるためには、家族労働力が最も適合的な労働力である(5)。そのため、東北アジアにおいて自立的小農が形成された初期段階では、そのような多角化・複合化がそれほど発達していなかったから、自立的小農はかなり経営の外部から他人労働を導入していた。だいたいにおいて上層農民は年間を通ずる雇用形態である常雇い（奉公人）であり、下層農民の場合は臨時雇いであった。また、村落共同体が発達した日本では共同体成員相互の労働力の交換（結いなど）も発達した。小農経営の多角的・複合的な発達とともに常雇い・臨時雇いは減少する傾向がある(6)。

小農経営が比較的安定的に成立し、永続性をもつようになると、経営体としてのイエの存続が重要になり、イエの存続を願う祖先崇拝が成立する。また、複雑な各種の労働を統合し、年間を通じて効率的・合理的経営を行うためには、家族労働を指揮・監督する経営機能が重要性を増し、それを担う家長の権限が強化された。家父長制が発達することになるのである。家父長制、イエの存続、祖先崇拝などは、支配階級のなかではそれ以前から存在していたが、小農社会では一般庶民に広がり、社会の普遍的な制度、観念になった点で画期的であった。それとともに儒教的勤労倫理が庶民の間に広がった。

(4) 農村工業の発達（初期資本主義、プロト工業化）

このような小農経営の多角的・複合的な発達は、東北アジアのなかでも日本が最も高度であり、時期的には一八・一九世紀から二〇世紀初期であった。そして、そのなかから農村工業が発達し、初期資本主義が形成されてくる(7)。

農村工業が発達するのは、世界のなかで西ヨーロッパと東北アジア、とくに日本であった。しかし、西ヨーロッパにおける小農経営の発達は、東北アジアのような兼業化、複合経営の発達という形態ではなく、むしろ専業化、農工分離の方向をとった。労働粗放的であった西ヨーロッパでは、農業（牧畜を含む）の生産性を高めるために経営面積の拡大が進み、農業に専業化する地域と農業に適さないために農村工業を発達させる地域とに分化していったのである。西ヨーロッパでは村落共同体が強固であったことも、小農経営の多角的・複合的発展には不利であった（耕作強制や共同放牧など）。こうして、東北アジア、そのなかでもとくに日本と西ヨーロッパとでは農村工業の発達の形態が異なったのである。

日本では農家兼業、経営内の分業の高度の発達という形態であり、西ヨーロッパでは農工分離、社会的・地域的分業の発達という形態をとった。また、西ヨーロッパの農村工業地帯の中心では都市化が進むが、日本の農村工業地帯ではその中心地帯においても商工業を中心にしながらも農業もある程度行う農村工業村落（在郷町）が形成された。このような違いは、従来は発展の程度の違いと考えられることが多かったが、以上のように考えると、むしろ類型的な差異であると見るのが適当であろう。

中国、朝鮮、台湾も日本ほどではないが、農村工業の発達があり、そのあり方は日本と同じ農家兼業型である。しかし、一八世紀後半・一九世紀前半に農村工業の発達が初期資本主義的な段階に達していたのは、東北アジアでは日本だけであった。初期資本主義的段階とは、自給的なあるいは単純商品生産的な小経営の広範な存在のなかで、問屋制家内工業（資本制的家内工業）を中心にし、小資本家経営、マニュファクチュアが加わる初期資本主義的経営が発達する農村工業の段階である(8)。

(5) 東北アジアにおける資本主義的工業化の特徴

本格的工業化はイギリス産業革命に始まり、西ヨーロッパに広がり、それによって西ヨーロッパが世界的に圧倒的な経済力を持つことになった。そして一九世紀後半には東北アジアもその影響下におかれることになる。一九世紀後半から開始される東北アジアの工業化は、欧米の圧力のもとに欧米からの機械設備、技術、制度、知識などの導入が重要な役割を果たした。したがって、東北アジアの工業化は東北アジア内部の条件だけでは説明できない。従来、欧米の圧力（ウエスタン・インパクト）を受けた政府主導の移植型工業化という評価が日本の工業化に関する一般的な見方であった。

しかし、東北アジアの工業化は、西ヨーロッパの工業化とは大きな違いがあり、それを西ヨーロッパからの影響・移植、あるいは後発性からだけでは説明できないことも事実である。たとえば、東北アジアのなかでは日本の工業化が先行したが、日本の工業化は、欧米との貿易、欧米からの生産財、技術、制度などの導入とともに、農家兼業、初期資本主義的な在来産業が規定的な役割を果たした。農家兼業は全体としては産業革命以後も発展し、そのなかから中小工業、零細工業が広範に発達していった。むしろ、一九世紀後半・二〇世紀初めには、移植型の近代的大工業は経済のごく一部を占めるにすぎなかった。一九二〇年代までは、近代的大工業と在来産業は並行的に発展していったのである。(9) その間に在来産業も技術、製品を革新し、そのなかから輸出産業化する部門も多かった。日本の工業化は、移植型近代的大工業と在来産業との複線的な発展であったのである。

一九二〇年代末頃から両者が種々な形態で結びつきはじめ、その一つのあり方として下請制が発達していく。大都市の内部やその周辺部に都市型の中小・零細工業の集積地が形成されていく。とくに一九五〇年代から六〇年代の高度成長期に日本の工業の構造は大きく転換し、大企業体制が成立することになる。それとともに農家兼業のあり方も変化し、農村工業的な兼業は衰退し、通勤型が増え、小農経営は多角的・複合的発展の条件を失い、日本農業の衰退が始まることになる。

日本に典型的に見られた一部の近代的大工業と広範な中小零細工業・在来産業の発達という工業化の形態は、日本より遅れ、日本ほど顕著ではないが、中国、朝鮮、台湾にも共通している。

第三節　東アジア経済圏論

東アジア経済を全体として、一体的に捉えようとする視角は極めて新しい。従来の東アジア経済史研究は、圧倒的に一国単位で行われてきた。これは、西ヨーロッパ経済史研究が国家の枠を越え西ヨーロッパ全体を捉えようとする志向性をもつのとは対照的である。東アジア経済を一体的に捉える傾向もないわけではなかったが、それはアジア的停滞論や従属論の視角からの研究であり、東アジアを主体として捉え、その経済発展のあり方を明らかにしようとするものではなかった。

ここで東アジア経済圏論と総称するのは、杉原薫氏、浜下武志氏、川勝平太氏、黒田明伸氏らの研究であるが、それらに共通するのは、東アジア経済を全体として一体的に捉えること、そして欧米に従属し、規定される存在ではなく、一つの経済主体として捉える視角である。本章では、これらの研究のうち黒田、杉原両氏の研究を利用する。

1 市場・通貨システム類型論――黒田明伸氏

(1) 一六世紀以降の小農社会の成立と市場・通貨システム

一六世紀以前のユーラシア大陸の農村では、農民の日常的な交換に使われる貨幣は、穀物や織物などの商品貨幣が一般的であった。銀貨(西ヨーロッパ)や銅貨(東アジア)、あるいは貝貨(インド洋沿岸)なども使用されてはいたが、それら貨幣が一般的に使われたのは都市であり、農村では一般的ではなかった。一五・一六世紀以降、自立的小農、小農社会の形成、それにともなう農業生産の量的・質的拡大、農村需要の増大につれて、農村市場の発達、農村における交換において商品貨幣から交換手段に純化した貨幣(銀貨、銅貨、貝貨など)への移行が起こった。

小農によって構成される農村では、農業の季節性に規定されて、農作物の販売額は時期により量的な変動が大きく、それにともなって貨幣需要が周期的に大きく変動する。さらにその変動に租税納入が加わる。農村にはその貨幣需要のピークをまかなえる貨幣の蓄蔵が必要であり、需要のないときは個別の農民に分散して蓄えられた。しかし、農産物販売の急増に通貨供給が追いつかず、取引が成立せず、市場が混乱することもしばしば起こった。遠隔地から農産物の買付に来る商人は、高額貨幣を現地の農民の使用する少額貨幣と交換しなければ買付ができず、遠隔地間に使用される高額貨幣と局地的に使われる少額貨幣とに貨幣市場が分断される傾向があった。

西ヨーロッパでは、中世以来遠隔地交易には銀貨が、局地的な農村市場では商品貨幣が、主として使われていたが、小農経済の発達とともに農村の貨幣需要の高まりに対処する必要が生じた。しかし、銀貨は農民の日常的な少額取引には高価すぎて使いにくかった。そこで、商品貨幣が東アジア、インドなどよりものちまで使用されるとともに、貨幣を節約するために取引を債権・債務関係に置き換える信用取引が発達することになった。都市共同体、農村共同体の発達がそれを可能にした。共同体の規制、それが発達した共同体の裁判機能が信用取引を保証したのである。

日本は西ヨーロッパとともに世界で共同体が発達したところであるが、一七世紀以降、都市はもちろん、農村内部にも信用取引が発達するとともに、民事に関する訴訟は、だいたいにおいて、村役人などから選ばれた地域の有力者の仲介裁判によって解決した。また、土地・家屋などの不動産の売買や抵当権の設定を村役人が保証する制度も発達した。

(2)　西ヨーロッパ・東アジア間の遠隔地交易の発達と銀経済

一六世紀、とくにその後半以降、西ヨーロッパ勢力はアジアの物産を求めてアジア貿易に参入した。アジアの物産（香辛料、木綿、絹、陶磁器、茶など）の対価としては銀が使われた。東アジアにおいては、とくに一五七〇年代からアカプルコ―マニラ経由で直接、南米銀がもたらされ、ついで日本銀の生産が急増して、大量の銀が東アジア交易に投入された。

しかし、銀は小農の少額取引には適当でないし、遠隔地交易に使われるために、農村の貨幣需要の周期性に安定的に対応できず、農村市場では使われなかった。むしろ、農村では小農社会の形成にともなう農村市場の活発化に対応して、従来の商品貨幣から銅銭の使用が一般化した。東アジアでは、一六世紀後半以降、農村の局地的市場では銅銭、遠隔地交易（国際的な交易だけでなく、国内でも比較的遠距離で、大量な取引）には銀が交換手段として使われた。つまり、東アジアでは局地的な農村市場と遠隔地間市場とがかなり明確に隔離されるシステムがつくられた。

西ヨーロッパでは信用取引の普及を基礎にして、両替商の商業手形の割引業務が成立し、発達する。局地的な農村市場と遠隔地間市場は東アジアのように分離せず、ある程度の自立性をもつ別々の市場であるが、相互の連関性は次第に強まっていった。くわえて、絶対王政に始まる国民国家の形成につれて、国家間競争が激しくなり、国家財政の膨張、国債の発行が進む。それが金融業の発達を刺激する。また、国民国家は遠隔地間交易を統制し、国内の経済的統一を達成するための貨幣的手段として本位貨幣制を推進する。

東アジアでは中華帝国体制が存続し、国家間競争は存在しなかったので、国家財政の膨張、国債の発行はなく、本位貨幣制への動きもなかった。ただ、日本では国内の貨幣発行権を掌握した江戸幕府によって、統一的な貨幣制度として三貨制（金、銀、銅）が成立した。この国際的な貨幣流通から独立した、独自の貨幣制度によって、日本は国際的な銀の流通を国境で遮断し、統制することに成功した。三貨制は一八世紀中頃から実質的に銀が金の補助貨幣化していき、金本位制化が進んでいった。幕府は国債を発行することはなかったが、大きい藩（半独立国家）の場合は、藩札の発行や専売制を行い、近世後期には、領内の物産奨励、専売制による正貨（幕府発行の全国通用性をもつ貨幣）の吸収、藩札（藩発行の藩内に強制通用力をもつ紙幣）の発行による経済刺激政策（成長通貨）などの重商主義的政策をとった。この政策は幕藩体制の統一性を弱め、幕府と対立することが多かったが、領内の経済発展を刺激し、領内商人資本の発達、金融制度の発達、資本蓄積を促進する役割を果たした。

(3)　朝貢貿易体制論

浜下武志氏は、東アジアの国際秩序を朝貢体制とし、それが近代東アジアの国際関係をも規定したと考える。朝貢体制とは、中華帝国を中核とする東アジアの国際政治秩序であるが、浜下氏は、それを同時に国際経済体制であるとする点、近代にまで延長して考える点に特徴がある。朝貢貿易の内容は、①周辺国の貢使のもたらす中国皇帝への貢物とそれに対する回賜という授受関係、②貢使に付随した官許商人による北京会同館における交易、③貢使に付随した商人団が官許の国境の市場や海港において中国商人と行う交易、であるが、それを東アジア経済秩序の中核であり、それを中心に東アジア交易圏が形成されているとするのである。(10)

しかし、この説は実証性に乏しい。浜下氏のいう朝貢貿易は、一六世紀よりはるか以前から行われているし、すくなくとも一六世紀以後には、朝貢貿易は東アジア貿易の中心ではなくなっている。倭寇対策として行われてきた海禁を一五六六年に解除して以後は、民間貿易が中心になっているのである。おそらくそれ以前も倭寇などの形をとった民間貿易が中心であったのではないか。中華帝国を中心とする東アジアの政治秩序である朝貢体制は、政治秩序としても極めて緩やかなものであり、形式的・儀礼的な面の強いものであった。その経済関係を規定する力は弱かったと見られる。また、一六世紀から始まる東アジア交易の発展は、中国国内の小農社会の形成と相まって、中国の伝統的専制国家体制を揺るがし、農民支配を弱体化させていくのであり、(11)対外的にも国家の貿易統制権は弱まっていくのである。

一六世紀後半以後の民間交易では、東シナ海、南シナ海、日本海、黄海、さらに東南アジアのジャワ海、バンダ海をとりまく中国中・南部、朝鮮、日本、琉球、東南アジア各地の物産が取引された。さらにこの東アジア交易圏はマラッカ海峡を経由してインド洋交易圏と結びついていた。その物産を生産する交易圏の各地に局地的市場が形成され、その内部では銅銭（中国からの渡来銭、現地の私鋳銭）が交換手段として用いられた。そして局地的市場を越える遠隔地間の交易には銀が交換手段となった。この東アジア交易圏は基本的に国家の管理・統制のない、その意味で自由な国際交易であり、一六―一七世紀前半の時期に存在した。一七世紀後半以降、日本、朝鮮の鎖国（国際交易の国家による管理・統制）、東南アジアの植民地化の進行によって、次第に解体していった。近世の東アジア交易圏はいろいろな面で東アジアの近代に影響を与えたが、近代に連続するものではなかったのである。

（4）　技術移転と輸入代替

市場・通貨システム類型論とは直接の関係はないが、一六―一八世紀の東アジア国際経済関係において、重要な問題の一つに、主として中国から周辺への技術移転がある。

この問題の研究に先鞭を付けたのは川勝平太氏である。(12) 氏は物産複合という概念を使って、日本では綿花、綿織物、生糸、高級絹織物、磁器、砂糖、煙草、等の物産は、中世末、近世初期には輸入されていたのが、近世に国産化され（輸入代替）、それによって日本人の生活様式が大きく変わったこと、さらに、幕末開港以後、生糸、綿織物などが日本の主要輸出品となり、それは西ヨーロッパの近代的商品とは使用価値の異なるアジア的商品であり、近代アジアの国際経済競争は、西ヨーロッパ商品との競争ではなくアジア的商品をめぐるアジア諸国・諸地域間の競争であった、と主張した。(13)

アジア間競争論は、欧米との経済関係を軽視する一面性があるが、近世日本を東アジア国際関係のなかに位置づけ、鎖国の経済的意味を提起したこと、近世と近代の連続面を物産複合の面から明らかにしたこと、近代日本の国際経済関係を、従来の欧米との関係だけで考える「ウエスタン・インパクト」論からアジアとの関係を導入して修正したこと、等は大きな貢献であった。

一六―一九世紀初めにおける、中国から周辺諸国・諸地域への技術移転は、環シナ海経済圏形成の一環であるが、技術移転によって周辺諸国・諸地域の生産力が上昇し、中国との経済格差が縮小ないし解消した。また、域内の国際分業が形成され、域内交易の発展につながった。中国から周辺部への技術移転には二つのタイプがある。(14)

①　中国商人が政治的・経済的な理由から、中国内の生産を国外に移転する場合である。たとえば、シャムの造船業は一七世紀に始まり、つくられた船は中国に輸出されたが、造船に適した低廉なチーク材に注目した中国商人が中国本土から職人を連れていき、生産したのである。シャムでは、一九世紀になっても中国移民の職人が造船、鉄釜製造、大工職などで優位を占めた。ジャワの甘蔗栽培、砂糖製造は中国移民によって開発され、発達した。このタイプの技術移転は、東南アジアにおいて一般的な形態である。

②　周辺諸国・諸地域が主体的に導入した場合。主として国家が国際収支を改善するために行った。日本が代表的であり、琉球もある程度行っている。一五三三年に朝鮮経由で中国の灰吹き精錬法が導入され、日本の銀産額が急増し、一七世紀初めには一時的ではあるが、世界最大の産銀国になる。その銀が大量に輸出され東アジア交易の交換手段として使用された。(15)最大の輸入品であった白糸（中国から輸入された高級生糸）の国産化は、一六八五年の幕府の白糸輸入制限令によって開始され、一八世紀中頃には自給を達成する。(16)砂糖もやや遅れるが、一八世紀初め、幕府が砂糖輸入の削減のため国産化を奨励したのに始まり、砂糖生産地の藩が領内で奨励策をとり、一九世紀に入って自給を達成した。木綿は一五世紀末に国産化が始まるが、一六世紀に戦国大名が戦略物資として争って領国で生産を奨励し、一七世紀初めには自給を達成した。(17)陶磁器は一六世紀末の朝鮮出兵のとき、参加した諸大名が職人を連れ帰り、領内で生産させて高級陶磁器が各地でつくられるようになった。とくに有名な事例である伊万里焼（現在の有田焼）は、この朝鮮の技術と、長崎経由で導入された中国の明代の新技術（万暦赤絵）が総合されて成立した。伊万里焼は成立してまもなくオランダ東インド会社によって大量に西ヨーロッ

パに輸出されている（オランダでは磁器をイマリという）。琉球では、一六二三年、政府の役人が福建から製糖技術を導入し、一七世紀中期に政府は砂糖専売制を実施している。

2 アジア域内経済ネットワーク論（アジア間貿易論）——杉原薫氏

杉原氏のアジア間貿易論は、地域としては東アジアだけでなくインド（南アジア）を含んでいるが、東アジアのなかでも東南アジアを中心にしている。考えの基礎につぎのような関心がある。すなわち、東南アジアは一九世紀にシャム（現在タイ）を除いて欧米の植民地になった、その点ではラテンアメリカ、アフリカと同じである。ラテンアメリカの多くの地域は、一九世紀前半に独立しているから、政治的には東南アジアに比べて有利な条件をもっていたといえる。それにもかかわらず、現在、東南アジアを含む東アジアは、域内全体として他の地域よりも相対的に順調な経済発展を遂げている。その歴史的条件は何であろうか、という関心である。

(1) アジア域内貿易の発展

東南アジアは一九世紀に欧米の植民地になったが、本国を中心とする欧米との貿易の増大以上にアジア域内（対インド、対日本、対中国および東南アジア域内）の貿易が増大し、そのために生産される剰余のかなりの部分が欧米に吸い上げられず域内に蓄積された。つまりラテンアメリカ、アフリカでは欧米との貿易が一方的に拡大し、欧米への経済的従属を深めたのに対して、東南アジアを含むアジアは欧米中心の世界市場に従属的に組み入れられながら、その条件を主体的に利用して域内経済を発展させ、欧米からの相対的自立性を獲得していった。このアジア（東アジアと南アジア）の欧米からの相対的自立性をもった経済発展の条件は、つぎの三つである。

欧米との貿易（副次的に域内貿易）から得られる剰余を基礎とする生活様式・消費構造の変化、その消費需要に応えるアジアの在来物産を近代的商品として生産することに成功した日本の工業化、この需要と供給を結びつけた華僑・印僑の流通網。

(2) 日本資本主義の評価

このアジア域内貿易の「成長のエンジン」であったのは日本の工業化である。日本の工業化がアジア域内貿易を主導し、生産過程の変革をともなわない「デマンド・プル型」の貿易から工業製品と一次産品との間の貿易、「工業化型」の貿易を中心とするものに変化させた。

日本の工業化は欧米と異なる社会のなかで、それと適合的な形で行わなければならず、生産する製品も欧米と同じものではなく、日本社会の消費に合ったものでなければならなかった。日本の産業革命の中心になったのは綿工業であったが、その製品は太糸、厚手の綿織物という在来の需要に応じるものであった。日本の工業化が開発した製品は、社会・生活様式が比較的似ていた日本以外の東アジアにも受容され、日本の生産する消費財製品の東アジア向け輸出が急増していった。日本の工業化は、単に欧米以外ではじめて工業化に成功したということだけでなく、「アジア型」商品の近代化・開発に成功し、それによってアジア向け製品輸出を発展させて、アジアの経済・生活を欧米資本主義以上に深く、広く変革していったのである。

従来の日本資本主義の歴史的研究は、アジアとの関係を主として侵略・対立の面を中心に見て、アジア経済に対する積極的な役割、その発展を促進し、アジア経済を統合していく側面をほとんど無視してきた。そして、そのような見方は日本帝国主義美化論であるとして、イデオロギー的に批判された。

ただし、この日本の工業化、資本主義の発展は、欧米を中心とする世界市場の枠のなかで実現したものであり、その条件が失われたときには挫折せざるをえなかった。日中戦争から大平洋戦争の過程はそれを示している。

(3)　東アジア域内貿易の担い手としての華僑

アジア域内貿易を担ったのは、域内商人である華僑・印僑であった。ラテンアメリカ、アフリカでは、こうした地域内の貿易を担った商人が、世界市場に包摂される過程で壊滅するか、大きな打撃を受け、そのため、世界市場のなかで域内貿易が発達せず、欧米に対する経済的従属が一方的に進んでしまった。華僑・印僑がアジア域内貿易に進出するのは一六世紀に始まるから、東アジアの独自な経済発展を歴史的に見るためには、近世（一六―一八世紀）を視野に入れなければならない。しかし、近代の東アジア域内貿易は、欧米主導の世界市場の一環であり、近世の域内交易が連続的に発展したものではなく、欧米主導によって一九世紀、とくにその後半に再編されたものである。この点で、浜下氏の朝貢貿易体制論や川勝氏のアジア間競争論には問題がある。

華僑・印僑の役割を評価することは正しいが、二〇世紀に入ると日本の総合商社をはじめとする近代的貿易商社が、アジア域内貿易の担い手として重要な役割を果たす点にも注意する必要がある。

(4)　植民地資本主義論

従来、日本の植民地研究は、主として帝国主義的支配とそれに対する植民地民衆の抵抗という枠組みで行われてきた。経済史では帝国主義的搾取・収奪と経済の破壊、民衆の窮乏という側面が主に取り上げられてきた。しかし、一九七〇年代から、いわゆるＮＩＥｓ的発展が世界の注目を集めるようになり、八〇年代には、そのなかでもとくに東アジアＮＩＥｓ（韓国、台湾、香港、シンガポール）の急速な経済発展と韓国、台湾の政治的民主化の進展があった。この東アジアＮＩＥｓは、戦前には日本、イギリスの植民地であったから、ＮＩＥｓ的発展の歴史的条件として、植民地時代の経済発展を考えるという発想が生まれた[18]。そして、植民地時代に関する実証的研究が著しく進み、それによって植民地期の朝鮮、台湾においてかなり急速な資本主義的工業化があったことが明らかになってきた。

研究が先行した朝鮮の場合には、その資本主義化は朝鮮総督府と日本の大資本が主導し、朝鮮経済が急速に日本資本主義の一部として組み入れられていくものであり、その意味で植民地的資本主義化であった。しかし、それは従来考えられてきたような、朝鮮を中国侵略の兵站基地とするための軍事的工業化ではなく、朝鮮内部の需要と結びつきのない、日本の需要と結びついた、いわゆる飛び地的工業化でもない。朝鮮内部の民需と結びつき、その拡大を市場的条件とするものであり、朝鮮社会の前近代的構造を急速に変革していったのである。また、その過程で広範な中小朝鮮人資本が形成・発展し、近代的工場労働者、技術者の成長があったことも明らかになった[19]。こうした植民地期の資本主義的発展、工業化が、独立後のＮＩＥｓ的発展の歴史的条件になった。

しかし、植民地資本主義とＮＩＥｓ化との間には、日本の敗戦と植民地支配の廃絶、アメリカの軍事占領と改革、独立と南北の分断、朝鮮戦争などがあり、朝鮮・韓国をとりまく内外の条件は大きく変化した。植民地資本主義とＮＩＥｓ化が直接結びつくわけではない。現在、植民地期と六〇年代からのＮＩＥｓ化とを結びつける一九四五年以後、五〇年代の研究が本格化しつつある[20]。

この日本植民地における急速な資本主義化は、両大戦間期の日本帝国圏の急速な経済発展の一環であり、とくに一九二九年恐慌以後の世界市場の分断・ブロック経済化のなかで、欧米と対立しつつ中国（まず旧満州、ついで華北、さらに中国全土）を強制的に取り込んで自己の経済圏を拡大するとともに、経済圏内の急激な開発によって自給的な帝国経済圏をつくり出そうとする試みの一環であった。杉原氏の研究によっても、一九二八年から一九三八年の一〇年間に、アジア域内貿易に占める日本帝国圏（日本、朝鮮、台湾）の比重は四一％から六五％に上昇し、逆にインドは一五％から九％に、東南アジアは二一％から一二％に低下している。(21)一九二九年恐慌以後世界貿易は急速に縮小し、東アジア貿易も縮小しており、そのなかで日本帝国圏のみが突出して急拡大を遂げているのである。三〇年代には、日本帝国の、中国を取り込んで拡大する閉鎖的な経済圏は、東アジア経済圏の分業体制と矛盾し、対立する側面が強くなる。日本帝国はさらに閉鎖的・自給的経済圏を東南アジアにまで拡大しようとして、挫折する（大平洋戦争の開始と敗戦）。杉原氏の研究は、一八八〇年代から第一次大戦までを中心にしており、両大戦間期についてもそれと同じ手法で分析しているために、両大戦間期の東アジア経済圏における日本帝国圏の急膨張とそれによる東アジア経済圏の解体を十分捉えられていない。

むすびにかえて——東アジア資本主義形成の諸段階・諸特徴

最近のすぐれた研究成果を検討しながら、東アジア近世・近代経済を構成する諸問題を考えてきた。検討が二〇世紀後半に及んでいないし、一六—二〇世紀前半の時期についても重要な問題で抜け落ちているものもあるだろう。最近の研究によって東アジア資本主義史を体系的にカバーすることは、研究の進展の程度からいってまだ無理である。しかし、ある程度の体系的見通しを立てられる時期にきているようにも思われる。そこで最後に、これまでの検討にもとづいて、東アジア資本主義の歴史的形成の諸段階と諸特徴をまとめてみよう。これは現在の暫定的なものであることをお断りしておく。

(1)　東アジア資本主義形成の諸段階

第一段階――萌芽期（一六―一八世紀）

東北アジアにおいて、小農社会が形成され、人口、耕地面積が急増する。その小農は農業の多角化と非農業部門の営業を兼ねた複合経営を発展させていく。自立的小農の参加する農村市場が発達し、定期市と農村小都市（中国の鎮、日本の在郷町）からなる局地的市場圏が成立し、その交換手段として、従来の商品貨幣に代わり、銅銭が一般的に使用されるようになる。

局地的市場圏を結ぶ地域間市場も発達し、中国中・南部沿海地域、日本、朝鮮、琉球、東南アジア諸地域に広がり、東アジア交易圏（環シナ海交易圏）が成立する。それは、従来の中国を中心とする東アジア国際秩序である朝貢・冊封体制からは自立した、自然発生的な経済圏であり、局地的市場圏とそれを連結する地域間（遠隔地間）市場によって構成され、国家の規制からは自由な市場であった。農村の小農経営の発達を基礎に、その生産する多様な商品を集荷する在地小商人と定期市や農村小都市で在地商人から商品を買い入れる遠隔地商人、さらに交易の中心地の国際的な取引を行う大商人という流通ネットワークが形成された。

この東アジア交易圏に、一六世紀後半から西ヨーロッパ勢力が参入してくる。それは絶対主義国家を後ろ盾とする組織的貿易勢力（国家・王室の直接運営する貿易か、オランダ、イギリスの東インド会社のような国家から特権を与えられた特許会社）である。彼らは集中した国家権力をバックにした組織的勢力であるという点でそれまでの東アジア交易圏の参加者とは異質であったが、東アジア交易の主導権を握ったわけではなく、新規参入者であった。彼らは東アジアの物産を手に入れるために銀を持ち込んだ。それに日本銀も加わり大量の銀が投入され、銀が東アジアの遠隔地間取引の交換手段となり、交易の急速な拡大をもたらすことになった。こうして銀を交換手段とする遠隔地間交易と銅銭を交換手段とする局地的市場という二重の市場構造が形成された。

東アジア交易圏の成立により、中国から先進的技術が、日本、朝鮮、琉球、東南アジアに移転され、中国と周辺地域の技術的・経済的格差が縮小し、それは東アジアの全体的な経済発展につながった。

しかし、一七世紀後半以後、日本、朝鮮の鎖国政策（国家による交易統制政策）、東南アジア諸地域の植民地化の進行（西ヨーロッパ国民国家の重商主義的・閉鎖的植民地政策）により、自由交易圏であった東アジア交易圏（環シナ海交易圏）は次第に解体・縮小に向かう。

第二段階――一九―二〇世紀前半（形成期）

イギリス産業革命を起点として、世界資本主義は新しい段階に入っていくが、イギリスを中心とする一九世紀的産業資本主義が世界経済を一応統合するのは一九世紀中期である。東アジアは、一九世紀に東南アジアの植民地化、東北アジアの不平等条約体制の成立によって、欧米主導の国際秩序に組み入れられる。経済面では一九世紀中期から運輸・通信手段の飛躍的発展（ヨーロッパ―東アジア間の汽船の就航や定期航路の開設、一八六九年のスエズ運河の開通、海底電線――ロンドン―シンガポール間、一八七〇年、ロンドン―長崎間、一八七一年）、イギリスを中心とするヨーロッパ系銀行の貿易金融への進出などにより、東アジア貿易の主導権は完全にヨーロッパ資本が握ることになった。貿易の内容もイギリスを中心とする欧米との間の製品輸入・一次産品輸出が中心になった。一九世紀、とくにその中期を画期として東アジア貿易は転換を遂げ、欧米主導のもとに新しい発展の時期を迎えるのである。

しかし、東アジア貿易には、これとは異なる内部の動きがあった。日本の明治維新革命と国民国家形成、工業化によるアジア的商品の近代的生産・輸出等による日本資本主義の急速な発展、中国移民の、とくに東南アジアにおける増加、彼ら華僑の東アジア貿易への進出と華僑ネットワークの形成などにより、新しい、近代的な形態で東アジア域内の経済関連が形成されていく。欧米主導の世界市場のなかに、東アジアにおいて相対的な自立性をもつ経済圏が形成され始めるのである。

二〇世紀に入り、とくに第一次大戦以後、アメリカにおいて自動車産業をはじめとする新産業が急速に発展し、東南アジアはその原料供給地となり、それまでの本国を中心とする西ヨーロッパとの経済関係からアメリカとの関係に重心が移っていく。その発達していく東南アジアの現地経済に日本の消費財が新たな市場を開拓し、西ヨーロッパ商品と競争し、駆逐していく。東アジア・太平洋経済圏の端緒的形成である。中国も工業化が始まり、日本では重化学工業が本格的に形成され、東アジアは新しい、それまでより一段階高い経済発展の段階に入り始めた。

しかし一方、日本は植民地を囲い込み、その経済開発を進め、帝国圏を急速に発展させ、三〇年代には旧満州から中国本土をもそのなかに強引に組み込もうとした。二九年世界大恐慌以後の世界市場の縮小・分断のなかで、日本帝国圏の閉鎖的な、しかも急激な膨張は、欧米帝国主義との対立を強めるだけでなく、東アジア内部の国際分業関係を分断し、形成され始めた東アジア・太平洋経済圏を浸食・解体してしまう。日本の帝国主義的な急膨張は、日本経済の存立基盤である東アジア経済と対立し、解体させてしまい、自らも崩壊せざるをえなかった。日本帝国圏は、アジア・太平洋戦争の日本の敗北により完全に解体する。同時に、欧米帝国主義の東アジア植民地体制も解体を遂げる。

第三段階——二〇世紀後半（確立期）

現在まで続いており、おそらく二一世紀初めの二〇年間くらいは続くのではないか。世界資本主義は、領土的支配＝植民地を必要とする帝国主義段階を終え、植民地は独立して、多国籍巨大企業を中心とする段階に入る。政治的には米・ソ二極対立の国際関係が支配し、東アジアもその渦中にあった。経済的にはアメリカの世界覇権のもとに、いわゆるブレトン・ウッズ体制が成立する。

東アジア・太平洋経済圏の本格的成立期であり、その形成過程で、日本の先進国化、韓国、台湾、シンガポール、香港のＮＩＥｓ化、ＡＳＥＡＮ諸国の工業化の開始、中国、ベトナムの開放政策への転換（社会主義計画経済から開発独裁資本主義への転換）により、東アジア全体が資本主義化し、域内分業が急速に発展している。投資も日・米資本を中心にＮＩＥｓ資本も加わって急増しており、経済圏としてのまとまりを強め、内容的にも高度化が進んでいる。東アジア経済発展の終焉と騒がれた九七年七月からの東アジア金融・通貨危機も結果から見ると、東アジア経済圏のさらなる統合の方向に作用しつつあるように見える。

この第三段階の歴史的な理論的枠組みは、いまのところない。すでに半世紀以上を経過するが、この時期についての研究は、いまだに現状分析的枠組みである。本章で取り上げた東アジア経済史の新しい潮流も、この時期には及んでいない。私にもまだ、その用意がない。そこでこの時期の東アジア資本主義の理論的枠組みの検討は、今後の課題としたい。

(2) 東アジア資本主義形成の諸特徴

① 東アジアは、西ヨーロッパとともに、世界のなかで地域全体として一つの経済圏を形成し、そのなかから

資本主義経済を発展させ、資本主義経済圏を形成し、現在に至っている地域である。世界でほかにそういう地域は存在しない。その起点はほぼ一六世紀と考えられ、西ヨーロッパの東アジアへの進出以前である。西ヨーロッパの資本主義の発生とだいたい同時期と考えられる。ユーラシア大陸の東西でだいたい同時期に、別々に、資本主義経済の胎動が始まったのであるが、その原因はまだはっきりしない。あるいは共通の条件がはたらいたのかもしれない——たとえば、モンゴル帝国の成立による東西ユーラシア経済の交流というような。

②　しかし、東アジアはおそくとも一九世紀以後、西ヨーロッパ資本主義によって支配される世界市場に組み入れられ、欧米に従属する経済構造が形成されることになる。そのなかで、東アジア経済圏が再編成され、新しい・近代的な経済圏として発展を再開する。現在までのところ、東アジア資本主義は欧米資本主義と対等の立場に立つまでには至っていない。その歴史的条件は、西ヨーロッパにおいては、中世の封建的割拠のなかから多数の国民国家が形成され、国家間競争に勝つために、国内経済の統合・財政膨張・軍事力の強化が進むのに対して、東アジアでは、中国を中心とする朝貢・冊封体制が国際政治秩序として存続し、国家間競争が直接的な形をとらず、むしろ、朝貢・冊封体制からの離脱——鎖国という形をとり、また、それによって中心部の中国国内の専制国家体制の弱体化を招いたことである。

③　東アジア資本主義形成過程は、非常に大きな拡大と収縮の波動を描いている。一六—一七世紀前半の拡大、一七世紀後半から一八世紀の収縮、一九世紀から二〇世紀初頭の拡大、二〇世紀前半の収縮、二〇世紀後半から現在までの拡大、である。一六—一七世紀前半の第一の拡大期は、自生的に始まったが、一九世紀の第二の拡大期は西ヨーロッパに主導されて、二〇世紀後半の第三の拡大期はアメリカに主導されて始められた。そのような外的な条件によって、拡大と収縮が増幅されたのである。

④　東アジアの経済発展は、自立的小農を基盤としており、その多角的・複合的発展が初期資本主義を生み出すまでにいたった。この一九世紀に東アジアは欧米資本主義の主導する世界経済に組み込まれたが、日本は明治維新革命によって国民国家を成立させ、西ヨーロッパが国民国家のもとで行ったように、政府主導の一種の開発主義的政策をとり、急速な資本主義化をはかった。それによって、国家資本、民間大資本（財閥、紡績など）の移植型近代工業が導入・定着したが、一方、小農社会を基礎に農家兼業、中小企業の在来型工業も急速に発達した。日本資本主義は移植型大工業と在来型中小・零細工業の複線型工業化であり、それより遅れ、日本ほど明確ではないが、中国、朝鮮、台湾も同じパターンである。

⑤　一九二〇年代以後、大工業と中小工業は、さまざまな形態で関連を強めていく。とくに一九五〇―六〇年代の高度成長以後、下請・系列などの形態が発達し、また、さまざまな企業集団が形成されていく。各地に多くの中小企業が分業関係で結びついた産業集積地が発達する。台湾でも輸出を担っているのは中小工業であり、中国も開放政策に転換して以後、主として郷鎮企業という形態で、中小工業が急速に発達している。華僑ネットワークを含め、東アジア資本主義の特徴として、中小企業の広範な形成とそのさまざまな形態でのネットワークの存在がある。

註

（1）　小経営の概念については、中村哲『奴隷制・農奴制の理論』東京大学出版会、一九七七年、前近代（とくに中国）の小経営については、中国史研究会編『中国史像の再構成――国家と農民』文理閣、一九八三年、中村哲「中国前近代史理論の再構成・序説」（同編著『東アジア専制国家と社会・経済』青木書店、一九九三年、所収）、近代の小経営については、同『近代世界史像の再構成――東アジアの視点から』青木書店、一九九一年、第六章、参照。

(2) 最も体系的研究は、カール・A・ウィットフォーゲル『オリエンタル・デスポティズム』新評論、一九九一年、古代中国については、木村正雄『中国古代帝国の形成――特にその成立の基礎条件』不昧堂、一九六五年、参照。
(3) 飯沼二郎『農業革命の研究――近代農学の成立と破綻』農山漁村文化協会、一九八五年、参照。
(4) 戒能通孝『法律社会学の諸問題』日本評論社、一九四八年、福武直『中国農村社会の構造』大雅堂、一九四六年、旗田巍『中国村落と共同体理論』岩波書店、一九七三年、最近までの研究整理と中国と日本の村落の比較については、足立啓二『専制国家史論――中国史から世界史へ』柏書房、一九九八年、参照。
(5) 東北アジアの小農の複合的経営の具体的事例については、日本の幕末期について、トマス・C・スミス『日本社会史における伝統と創造――工業化の内在的諸要因　一七五〇―一九二〇年』ミネルヴァ書房、一九九五年、第三章「前工業化期日本の農家副業」、明治・大正期については、谷本雅之『日本における在来的経済発展と織物業――市場形成と家族経営』名古屋大学出版会、一九九八年、第七章「織元―賃織関係の分析――「問屋制」の論理と「家内工業」の論理」、補論「織物生産者の労働力――「家内工業」と労働力配分」、中国については、黒田明伸「二〇世紀初期太源県にみる地域経済の原基」『東洋史研究』五四巻四号、一九九六年、参照。
(6) 日本農業における年雇いは、一七世紀末頃に最も多く、その後、長期的に減少し、明治中期に一〇〇万人くらい、一九二八年三八万人、一九四六年一〇・七万人となり、その後ほとんど消滅した（中村、前掲『近代世界史像の再構成』二四三ページ）。
(7) 中村哲『日本初期資本主義史論』ミネルヴァ書房、一九九一年、参照。
(8) 同前、第二章「初期資本主義の理論」参照。
(9) このことを最初に指摘したのは中村隆英氏である（同「在来産業の発想」、「在来産業の規模と構成」、同『明治大正期の経済』東京大学出版会、一九八五年、所収）。また、本書第三章、参照。日本における在来産業の発展に関する最近の優れた研究として、谷本、前掲『日本における在来的経済発展と織物業』がある。
(10) 浜下武志『近代中国の国際的契機――朝貢貿易システムと近代アジア』東京大学出版会、一九九〇年、同『朝貢システムと近代アジア』岩波書店、一九九七年。
(11) 足立啓二「専制国家と財政・貨幣」(中国史研究会編『中国専制国家と社会統合——中国史像の再構成2』文理閣、一九九〇年、所収)参照。
(12) 川勝平太「国際交流の経済史的接近——国際交流と日本」『国際交流』三四号、一九八三年。
(13) 川勝平太「明治前期における内外綿布の価格」『早稲田政治経済雑誌』二四四・二四五合併号、一九七六年、同「明治前期における内外綿関係品の品質」『早稲田政治経済雑誌』二五〇・二五一合併号、一九七七年、同「アジア木綿市場の構造と展開」『社会経済史学』五一巻一号、一九八五年。
(14) クリスチャン・ダニエルス「生産技術移転——製糖技術を例として」(浜下武志・川勝平太編『アジア交易圏と日本工業化——一五〇〇—一九〇〇』リブロポート、一九九一年、植村正治『日本精糖技術史——一七〇〇—一九〇〇』清文堂、一九九八年、参照。
(15) 小葉田淳『金銀貿易史の研究』法政大学出版局、一九七六年、参照。
(16) 高級生糸の国際化は、従来考えられていたよりも遅れるようである。田代和生「一七・一八世紀東アジア域内交易における日本銀」浜下・川勝編、前掲『アジア交易圏と日本工業化』所収、参照。
(17) 永原慶二『新・木綿以前のこと』中公新書、一九九〇年、参照。
(18) 中村哲「近代世界史像の再検討」『歴史評論』四〇四号、一九八三年。
(19) 植民地期朝鮮の工業化については、堀和生『朝鮮工業化の史的分析——日本資本主義と植民地経済』有斐閣、一九九五年、日本・韓国の研究者による共同研究、中村哲・堀和生・安秉直・金泳鎬編著『朝鮮近代の歴史像』日本評論社、一九八八年、中村哲・梶村秀樹・安秉直・李大根編著『朝鮮近代の経済構造』日本評論社、一九九〇年、中村哲・安秉直編『朝鮮近代工業化の研究』日本評論社、一九九三年、を参照。
(20) 堀和生「植民地の独立と工業の再編成——台湾と韓国の事例」(中村哲編著『東アジア資本主義の形成——比較史の視点から』青木書店、一九九四年、所収)。

（21）　杉原薫『アジア間貿易の形成と構造』ミネルヴァ書房、一九九六年、一〇四ページ。

参考文献

〈小農社会論〉
中村哲『近代世界史像の再構成――東アジアの視点から』青木書店、一九九一年
宮嶋博史「東アジア小農社会の成立」（溝口・浜下・平石・宮嶋編『アジアから考える6　長期社会変動』東京大学出版会、一九九四年、所収）
〈市場・通貨システム類型論〉
黒田明伸『中華帝国の構造と世界経済』名古屋大学出版会、一九九四年
同「「周辺」からみた国際金本位制の特質――中国貿易を比較基準として」（中村哲編著『東アジア資本主義の形成――比較史の視点から』青木書店、一九九四年、所収）
同「伝統市場の重層性と制度的枠組――中国・インド・西欧の比較」『社会経済史学』六四巻一号、一九九八年
同「一六・一七世紀環シナ海経済と銭貨流通」『歴史学研究』七一一号、一九九八年
同「貨幣が語る諸システムの興亡」（『岩波講座世界歴史15』一九九九年、所収）
〈アジア域内経済ネットワーク論（アジア間貿易論）〉
杉原薫『アジア間貿易の形成と構造』ミネルヴァ書房、一九九六年
同「世界史のなかの「東アジアの奇跡」」『季刊アスティオン』四五号、一九九七年
〈植民地資本主義論〉
堀和生『朝鮮工業化の史的分析――日本資本主義と植民地経済』有斐閣、一九九五年
中村哲・梶村秀樹・安秉直・李大根編著『朝鮮近代の経済構造』日本評論社、一九九〇年
中村哲・安秉直編『近代朝鮮工業化の研究』日本評論社、一九九三年

〈中国専制国家と専制国家型近代化論〉
中国史研究会編『中国史像の再構成――国家と農民』文理閣、一九八三年
同『中国専制国家と社会統合――中国史像の再構成2』文理閣、一九九〇年
中村哲編著『東アジア専制国家と社会・経済――比較史の視点から』青木書店、一九九三年
足立啓二『専制国家史論――中国史から世界史へ』柏書房、一九九八年
奥村哲『中国の現代史――戦争と社会主義』青木書店、一九九九年
〈東アジア交易論〉
川勝平太「国際交流の経済史的接近――国際交流と日本」『国際交流』三四号、一九八三年
浜下武志・川勝平太編著『アジア交易圏と日本工業化――一五〇〇―一九〇〇』リブロポート、一九九一年
浜下武志『近代中国の国際的契機――朝貢貿易システムと近代アジア』東京大学出版会、一九九〇年
同『朝貢システムと近代アジア』岩波書店、一九九七年
〈日本資本主義の複線的形成論〉
中村隆英「在来産業の発想」、「在来産業の規模と構成」（同『明治大正期の経済』東京大学出版会、一九八五年、所収）
中村哲「日本の資本主義化と中小工業――日本資本主義形成の一特質」（後藤靖編『近代日本社会と思想』吉川弘文館、一九九二年、所収）
谷本雅之『日本における在来的経済発展と織物業――市場形成と家族経営』名古屋大学出版会、一九九八年
尾高煌之助『職人の世界・工場の世界』リブロポート、一九九三年
清川雪彦『日本の経済発展と技術普及』東洋経済新報社、一九九五年
黄完晟『日本都市中小工業史』臨川書店、一九九五年
鈴木淳『明治の機械工業――その生成と展開』ミネルヴァ書房、一九九六年

第二章　両大戦間期の東アジアと日本資本主義

はじめに

東アジアとは、東北アジアと東南アジアからなる地域をいう。東北アジアは、中国、日本、韓国、北朝鮮、台湾であり、将来はモンゴル、極東ロシアを含むことになるであろう。東南アジアは将来、オーストラリア、ニュージーランド、パプア・ニューギニアを含むことになるであろう。

これは、主として、現在の経済面からの地域設定である。歴史的には、東北アジアを東アジアとし、東南アジアをインドを中心とする南アジアと東アジアとの中間地域とする地域設定も有効性が大きいが、東北アジアと東南アジアの経済的・政治的関係が急速に強まってきている現在の状況からみると、今後の地域設定としては、このやり方が適当ではないかと思う。

本章の視点としては、現在を二〇世紀資本主義から二一世紀資本主義への移行期であるという考え方に立って二〇世紀を振り返ってみる。つまり、二〇世紀資本主義という一つの時代が終わりに近づき、つぎの二一世紀資本主義への移行期に入った現状から、二〇世紀を一つの時代としてとらえてみようというわけである[1]。なお、二一世紀の世界体制の性質は、確実ではないが資本主義である可能性が高い。そのような見方に立つと、二〇世紀初め—三〇年代は一九世紀資本主義から二〇世紀資本主義への移行期であった。したがって、一九四五年、あるいは一九四九年（中国の場合）で歴史を分けないで、連続した過程としてとらえる。ソ連、東ヨーロッパの社会主義の崩壊、また中国、ベトナムの開放政策への転換と社会主義市場経済化は、社会主義が歴史的に資本主義を乗り越えた質的に新しい体制ではなかったことを明らかにした（社会主義とは、共産党一党独裁による中央指令型計画経済であると定義しておく）。社会主義市場経済の歴史的性格は、共産党一党独裁を維持しながら、資本主義化する道である。一種の開発独裁型中進資本主義に転化する道である。したがって、社会主義は時代区分の基準にはならない。

現在、東アジアにおいて資本主義が急速に発展している。この東アジア資本主義はいろいろな問題を抱えている。ナショナリズム、人権、民主主義、環境、エネルギー、農業問題、技術発展の必要、インフラストラクチャーの不足、金融制度の未整備などなど。しかし、長期的には今後も経済発展を遂げるであろう。そしてこの日本を含む東アジアの経済発展が世界的に大きなインパクトを持ち、二〇世紀資本主義の解体と二一世紀資本主義への移行の一つの条件になっている。

そこで、二〇世紀初め—三〇年代の東アジア経済についても、このような現状と結びつけてとらえる必要がある。従来のこの時期の東アジアの捉え方の枠組みは、帝国主義対植民地・半植民地というものであった。しかし、かつて植民地であった韓国、台湾、シンガポール、香港は完全に資本主義化し、ＡＳＥＡＮ諸国も資本主義化しているから、この枠組みは現在まで届かない、どこかその途中で断絶してしまう。したがって、二〇世紀を世界資本主義の一つの段階ととらえ、二〇世紀初め—三〇年代を一九世紀資本主義から二〇世紀資本主義への移行期とする見方からすると、この時期の東アジアの枠組みを帝国主義概念（あるいは帝国主義対植民地という対抗軸）

だけでとらえることは適当でない。二〇世紀の東アジアを二〇世紀段階の世界資本主義の内部における東アジア資本主義の形成・発展という枠組みでとらえると、二〇世紀初め―三〇年代の東アジアは、解体を開始したがなお支配的体制である一九世紀的帝国主義体制(2)とそのもとでの資本主義化との二重過程として見なければならないことになる。この二重過程は相互関連しつつ、同時に相互対立している過程である。

以上のような考えに立って、第一次世界大戦期から一九三〇年代の時期を中心に、東アジアで起こった経済的変化を、日本資本主義の影響も含めて日本の側からではなく中国、朝鮮、東南アジアの内部変化を中心にみていくことにする。このような問題についての従来の日本の研究は、もっぱら日本の側から見るものがほとんどであった。そのために中国、朝鮮、東南アジアなどの変化が十分とらえれていないし、それは結局それらの諸国・諸地域の主体性をとらえることができず、日本帝国主義をはじめとする帝国主義体制に包摂され、それによって一方的に規定される存在としてとらえることになった。

第一節　朝　鮮――植民地資本主義の形成

植民地期の朝鮮経済については、日本、韓国、北朝鮮の研究は、いずれも一九七〇年代まで、あるいは八〇年代初めまでは、日本帝国主義による搾取、収奪、それによる朝鮮民衆の窮乏化という考え方が支配的であった。また毛沢東理論の影響を受けた植民地半封建社会論も有力であった。朝鮮内部の経済発展を重視する立場もあったが（内在的発展論）、植民地化過程で、そのような内的近代化が圧殺されてしまったとされた。このような考え方からすると、植民地期の朝鮮経済は一方的に日本に従属する停滞的な前近代経済であると見られていた。

このような見方は、韓国に対する現状認識において、アメリカ、日本に政治的・経済的に従属しており、それからの自立が韓国の課題であると考えられていたことと関連していた。ところが一九八〇年代になると、韓国経済の高度成長が注目をあつめＮＩＥｓの代表と見られるようになり、アメリカ、日本の搾取、収奪によって経済は従属と窮乏化をたどるという考え方は、現実と合わないことがはっきりした。さらに一九八七年六月の民主化宣言以後、政治的民主化も進み、一九九六年ＯＥＣＤに加盟した。つまりＮＩＥｓ（中進国）から先進国化に向かっているのである。そうするとこのような現実を歴史的に説明する必要が出てくるし、植民地期についての見方も再検討する必要がある。なお、一九九七年夏からの東アジア金融・通貨危機に韓国経済も巻き込まれ、ＩＭＦ管理下に置かれるという危機的状況に陥っているが、国内経済の構造的問題としては、財閥中心の経済、政府と財閥の癒着という構造が限界に達したという面が大きい。その面から見ると、現在の経済危機は中進国的構造を克服する契機となる可能性が強い。実は、韓国経済は、解放直後の混乱期を終えると急回復し、五〇年に始まった朝鮮戦争によって再び大きく落ち込み、その後、急回復して高度成長につながっていくのである。解放後と植民地期には断絶があることはもちろんだが、社会や経済は連続する面が大きいのである。

第二は、一九八〇年代から植民地期の朝鮮経済の実証的研究が急激に進んだ。それによって従来の考え方に反する事実が次々に明らかになってきた。それは植民地期の朝鮮社会は停滞社会でもなく、前近代社会でもなく、逆に急激に変化する社会であり、その変化の方向は資本主義化であること、その資本主義化は日本資本だけではなく、朝鮮社会全体を巻き込んでいったということである。なお、植民地資本主義の形成については、台湾、旧満州（以下、満州）も取り上げる必要があるが、ここでは朝鮮をその代表として取り上げる。

表2・1　産業別国内総生産の構成および年平均増加率　（単位：%）

	構成比			年平均増加率		
	農林漁業	鉱工業	サービス業	農林漁業	鉱工業	サービス業
1911	65.2	4.5	30.3			
1920	66.2	6.9	26.9	4.4	9.2	2.9
1930	58.8	8.6	32.7	0.8	4.5	4.3
1938	49.0	16.6	34.4	2.5	13.9	5.6
1953	47.3	10.1	42.6			
1960	36.8	15.9	47.3	2.3	12.3	4.1
1970	26.7	22.5	50.8	4.5	15.8	9.5
1980	14.9	31.0	54.1	1.0	14.5	8.4
1990	9.1	29.6	61.3	2.9	11.4	9.4

（注）　増加率は前年度との差異の年平均増加率。1911～38年は朝鮮，1953～90年は韓国。
（出所）　溝口敏行・梅村又次編『旧日本植民地経済統計――推計と分析』東洋経済新報社，1988年，韓国銀行『国民計定』1990年。
安秉直・金洛年「韓国経済成長の長期趨勢（1910～現在）――経済成長の歴史的背景を中心に」（韓国語）1995年8月，北京シンポジウム「東アジア経済の近代化」提出論文（中村哲・羅栄渠・安秉直編著『論東亜経済的現代化』（中国語）中国・東方出版社，1998年，所収）。

1　数量的変化

まず植民地期の経済を概観するために、この時期の経済を数量的に見てみる。GDP成長率は一九一二―三七年平均四・二%であり、当時の欧米諸国をはるかに上回り、当時国際的に高い成長率を示していた日本をも上回る。部門別では農業一・六%、鉱業九・八%、製造業一〇・八%であり、農業も当時としてはかなり高い成長率だがとくに製造業が高い(3)。そのために国内総生産の構成は一九一一年の農業六五・二%、鉱工業四・五%、サービス業（第三次産業）三〇・三%から、一九三八年には農業四九・〇%、鉱工業一六・六%、サービス業三四・四%となった（表2・1）。この水準は日本では二〇世紀初め、日露戦争後の状態に相当する(4)。日本において産業革命が終わり、資本主義が確立する時期である。

貿易数量は一九一三年（第一次世界大戦の始まる前年で一九世紀的貿易構造の最後の年）を一〇〇とすると、一九三八年に七一〇という驚異的な伸びを示している。同時期に日本は三〇一、朝鮮と同様に日本の植民地であ

表 2·2　東北アジア地域の貿易総額推移　　（単位：百万米ドル，％）

年　次	日　本	中　国	満　州	朝　鮮	台　湾	東北アジア合計	世界貿易	東北アジア比率
1874	43	202			8	253		
1876～80	53	210		1	11	275	13,070	2.1
1881～85	57	201		2	12	272	14,460	1.9
1886～90	91	238		4	13	345	14,850	2.3
1891～95	120	254		5	12	391	15,760	2.5
1896～00	201	281		8	16	507	18,500	2.7
1901～05	314	375		15	21	724	22,850	3.2
1906～10	466	505		26	38	1,035	29,970	3.5
1911～13	669	629		44	59	1,400	38,240	3.7
1914	685	620		49	55	1,408		
1916	1,087	789		66	89	2,031		
1918	2,122	1,311		163	125	3,721		
1920	2,551	1,617		221	193	4,582	65,800	7.0
1922	2,053	1,328		226	133	3,739	45,300	8.3
1924	2,249	1,450		268	162	4,129	56,828	7.3
1926	2,642	1,511		345	204	4,701	62,037	7.6
1928	2,532	1,553		363	204	4,652	67,380	6.9
1930	2,030	1,014		313	202	3,559	55,552	6.4
1932	1,132	524	201	178	114	2,149	26,853	8.0
1934	1,798	529	340	291	154	3,111	23,314	13.3
1936	2,211	490	370	392	197	3,660	25,723	14.2
1938	2,352	347	568	552	235	4,052	27,736	14.6
1940	2,360	242	564	582	246	3,995		

年　次	日　本	中　国	北朝鮮	韓　国	台　湾	東北アジア合計	世界貿易	東北アジア比率
1954	4,028	2,440		268	304	7,040	173,400	4.1
1956	5,731	3,210	140	411	312	9,804	211,000	4.6
1958	5,910	3,870	290	395	382	10,847	219,900	4.9
1960	8,546	3,810	320	376	461	13,513	263,500	5.1
1962	10,553	2,660	353	483	522	14,570	291,200	5.0
1964	14,611	3,470	416	524	861	19,881	354,300	5.6
1966	19,299	4,620	463	967	1,158	26,507	419,900	6.3
1968	25,959	4,050	583	1,918	1,692	34,202	491,000	7.0
1970	38,199	4,590	806	2,819	3,005	49,419	639,500	7.7
1972	52,062	6,300	1,039	4,146	5,502	69,049	842,520	8.2
1974	117,646	14,570	1,980	11,492	12,605	158,294	1,693,106	9.3
1976	132,024	13,430	1,487	15,945	15,765	178,651	2,007,096	8.9
1978	176,886	20,640	1,792	27,683	23,714	250,715	2,656,809	9.4
1980	270,335	38,140	3,431	39,797	39,544	391,246	4,038,786	9.7
1982	270,762	41,610	2,835	46,104	41,092	402,403	3,729,538	10.8
1984	306,617	53,550	2,993	59,876	52,415	475,451	3,885,223	12.2
1986	335,559	73,850	3,371	66,298	64,014	543,092	4,309,379	12.6
1988	452,271	102,790	4,536	112,507	110,241	782,345	5,734,920	13.6
1990	521,747	115,440	4,777	134,859	121,930	893,977	7,156,976	12.5

（注）1）日本貿易には対植民地，対満州等を含む。
2）1895年以前の台湾貿易は中国に重複計算されている。
3）1932年 6 月～40年の中国貿易に満州は含まれず。
4）1970年以前の世界貿易には社会主義国が含まれていない。
堀和生『朝鮮工業化の史的分析』有斐閣，1995年，22-23ページより。

（出所）日本：日本銀行編『明治以降本邦主要経済統計』1966年；溝口敏行・梅村又次編『旧日本植民地経済統計』東洋経済新報社，1988年，総務庁編『日本統計年鑑』。
中国：Hsian Liang-lin, *China's Foreign Trade Statistics 1864-1949,* Cambridge: Harvard University Press, 1974; 国家統計局編『中国統計年鑑』1991年版，中国統計出版社；鄭友揆『中国的対外貿易和工業発展』上海社会科学院，1984年。
台湾：黄福才『台湾商業史』江西人民出版社，1990年；向寿一「台湾植民地化と通貨金融制度改革」（『金融経済』171号，1978年 8 月）；行政長官公署編『台湾省五十一年来統計提要』1946年；Council for Economic Planning and Development, *Taiwan Statistical Data Book,* 1990; 行政院経済建設委員会編『自由中国之工業』77巻 1 期，1992年。
朝鮮：崔柳吉「韓国の貿易動向1877～1911年」（『アジア経済』15巻 1 号，1974年 1 月）；朝鮮総督府編『朝鮮貿易年表』；李載沆編『韓国의商工業百年』韓国商工会議所，1985年；大韓統計協会編『主要経済指標』1992年版；黄義珏『北韓経済論』나남，1992年；日本貿易振興会編『北朝鮮の経済と貿易の展望』1991年版。
世界：F・ヒルガート著，山口和男ほか訳『工業化の世界史』ミネルヴァ書房，1979年；宮崎犀一ほか編『近代国際経済要覧』東京大学出版会，1981年；国際連合統計局編『貿易統計年鑑』。

った台湾は三九四[5]、世界貿易はこの時期に極めて停滞的であり、ロストウ推計では一〇三、クチンスキー推計では一一二であり、一九三〇年代にはむしろ縮小しているのである。[6] 満州を加えた日本帝国圏の貿易拡大が突出している（表2・2、図2・1）。経済成長率をはるかに上回る貿易の増加によって、貿易依存度（GDPに対する貿易額）は一九一二年の一六・六％から一九三八年には六五・一％にまで上昇した。この数値は韓国が貿易をエンジンとする輸出指向工業化によってNIEs化し、貿易依存度が最も高くなった一九八〇年代に匹敵するレベルである（表2・3）。貿易の内容についてみると、輸出は一九二五年に食糧品（米、大豆）七五・六％、原材料四・二％、工業製品二〇・二％であったのが、一九四〇年には食糧品二一・四％、原材料一八・七％、工業製品五九・九％になった。これは戦後韓国のNIEs化の初期、一九六〇年代前半と同じレベルである。[7]

　以上、簡単に見てきたが、植民地期に朝鮮経済が急速に工業化してお

図2・1　貿易総額の数量指数

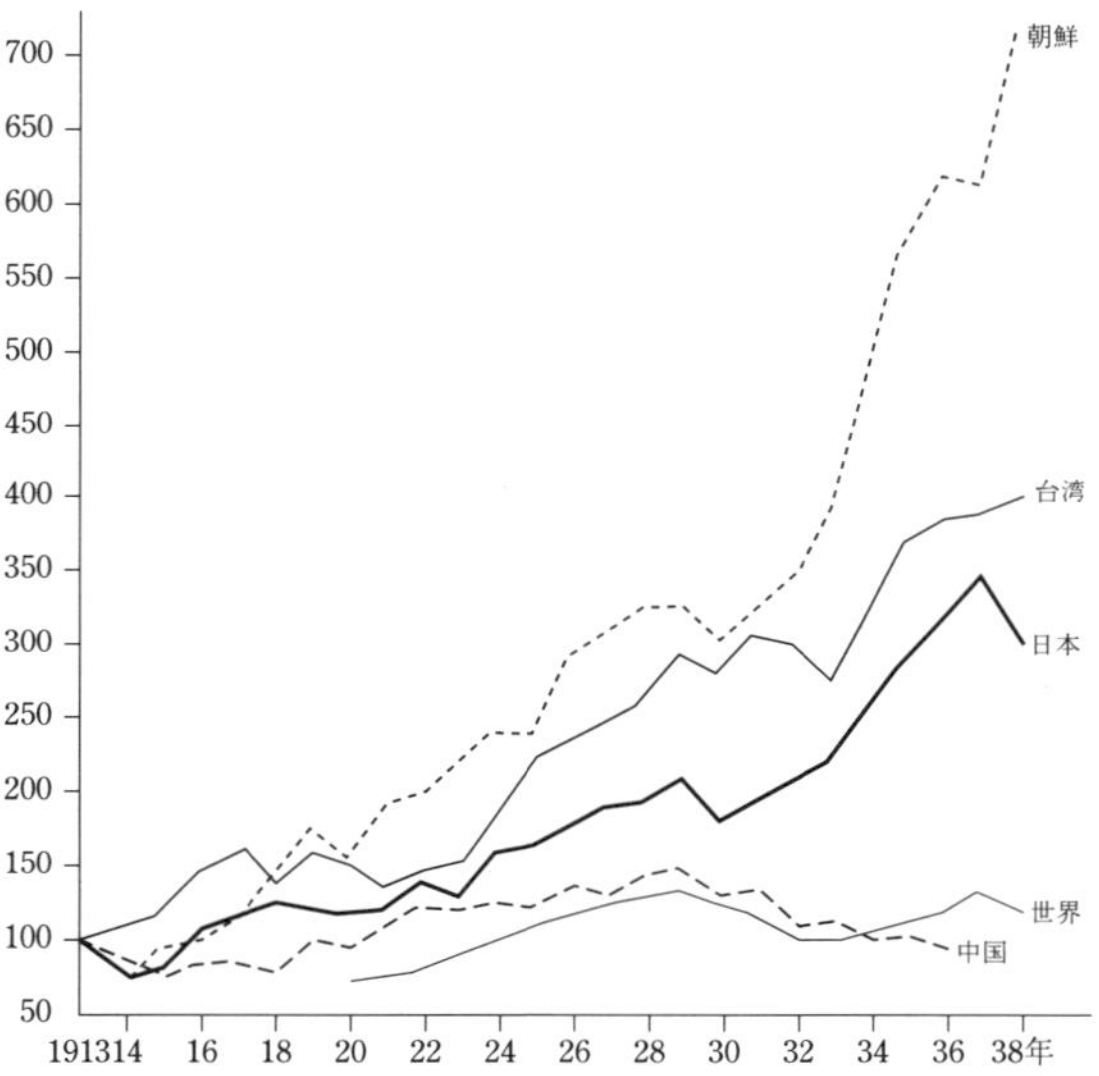

（注）　原データの数量指数の基準年度は，日本，台湾，朝鮮は1934～36年，中国は1913年，世界は1929年であり，一致していない。それゆえ相互比較するには，厳密には時期別の物価変動の問題が生ずるが，傾向把握に十分であると考える。堀和生『朝鮮工業化の史的分析』有斐閣，1995年，26ページより。

（出所）　表2・2の文献および溝口敏行『台湾・朝鮮の経済成長』岩波書店，1975年。

表 2・3　国内総生産に対する貿易額比率

（単位：％）

年次	日　本	朝　鮮	台　湾	中　国
1904	22.5		37.8	
1906	25.5		38.3	
1908	22.4		41.8	
1910	26.9		49.1	
1912	27.4	16.6	54.8	
1914	28.8	17.8	49.0	
1916	35.0	21.6	61.7	
1918	34.7	25.4	54.0	
1920	32.1	25.5	55.1	
1922	27.4	29.8	52.8	
1924	34.2	34.7	61.4	
1926	35.1	38.4	62.9	
1928	32.8	41.3	56.6	
1930	27.9	41.8	58.3	
1932	29.3	43.9	58.8	9.3
1934	35.7	51.8	66.5	8.7
1936	39.4	54.6	69.0	6.4
1938	31.2	65.1	68.8	
1954		9.1	18.9	
1956	21.9	14.1	22.5	
1958	18.4	10.2	21.1	
1960	19.2	10.4	26.8	
1962	17.3	19.7	27.1	
1964	17.8	20.3	33.9	
1966	18.2	27.7	36.8	
1968	17.6	36.5	39.9	
1970	18.7	37.0	53.1	
1972	17.4	39.3	69.7	
1974	25.5	72.5	87.2	
1976	23.5	54.7	84.6	
1978	18.2	55.1	88.4	9.9
1980	25.6	69.0	95.5	12.8
1982	24.9	63.4	84.2	14.9
1984	24.4	68.2	88.6	17.3
1986	17.2	61.1	84.9	26.6
1988	15.9	60.1	90.1	27.3
1990	17.7	55.9	77.6	31.4

（注）　朝鮮の1954年以後は韓国，韓国の1971年までは要素費用表示，72年以後は市場価格表示。堀，前掲書，27ページより。

（出所）　表 2・2 の文献；巫寶三『中国国民所得』中華書局，1947年；韓国内務部統計局・経済企画院編『韓国統計年鑑』。

り、それは貿易の急激な拡大（その大部分が日本との間）に依存していたことがわかる。そこでつぎに、経済変化の内容を工業化を中心に見ていこう。

2　工業化

(1)　従来の見方

日本の植民地期の朝鮮において工業が発達したことは、従来の研究でもある程度認められていた。しかし、その工業化は日本から進出してきた日本の大資本（独占資本）によるものであって、朝鮮人資本はむしろ日本独占資本の収奪と戦時経済統制によって没落していったのであるという見方が支配的であった。そして進出してきた日本独占資本は本国経済と結びついており、朝鮮内部の需要とは関係がなく、産業連関も弱かった、つまり飛び地的工業化であるとされてきたのである。また、日本独占資本の推進する工業化は軍事的性格が強く、朝鮮は中国を侵略するための基地（大陸兵站基地）になっていったのであるという見方も強かった。このような見方は、日本、日本独占資本を主体とし、朝鮮、朝鮮人資本をそれによって一方的に規定される受動的な存在であるとする考え方に立っていたといえる。また、最近の実証研究にも合致しない。

(2)　工業化と朝鮮人資本の成長

一九三〇年代を中心として朝鮮の工業化は急速に進んだ。工業生産指数は、一九一三年を一〇〇とすると一九三八年にドイツ、アメリカ、イギリスの主要先進資本主義国は一五〇未満であるが、これに対して、日本、朝鮮、台湾の日本帝国圏は五〇〇ないしそれ以上である（図2・2）。

民族別の工場（従業員五人以上）数を見ると、一九一〇年（植民地になった年）には、朝鮮人経営の工場三九、日本人経営の工場一一二であり、工場数が極めて少ないなかで、日本人工場が圧倒的に多かった。しかし、一九一五年以後、朝鮮人工場が急増していき、一九二七年には朝鮮人工場二四五七、日本人工場二二七九となって朝鮮人工場のほうが多くなった（『朝鮮総督府統計年報』）。『朝鮮総督府統計年報』には一九二八年までしか民族別工場数を載せていない。このことが朝鮮人工場の増加を曖昧にしていた理由の一つであったが、『朝鮮工場名簿』を集計した許粹烈氏の研究によると、(8) 一九三〇年代には朝鮮人工場はさらに増加し、一九三九年には四一八五で日本人工場二七六八を大幅に上回るようになった。ただし、朝鮮人工場は五―四九人の小規模工場が圧倒的で、五〇人以上になると日本人工場のほうが多くなり、一〇〇人以上では日本人工場が圧倒的に多い。たとえば、一

図2・2　各国の工業生産指数（1913年＝100）

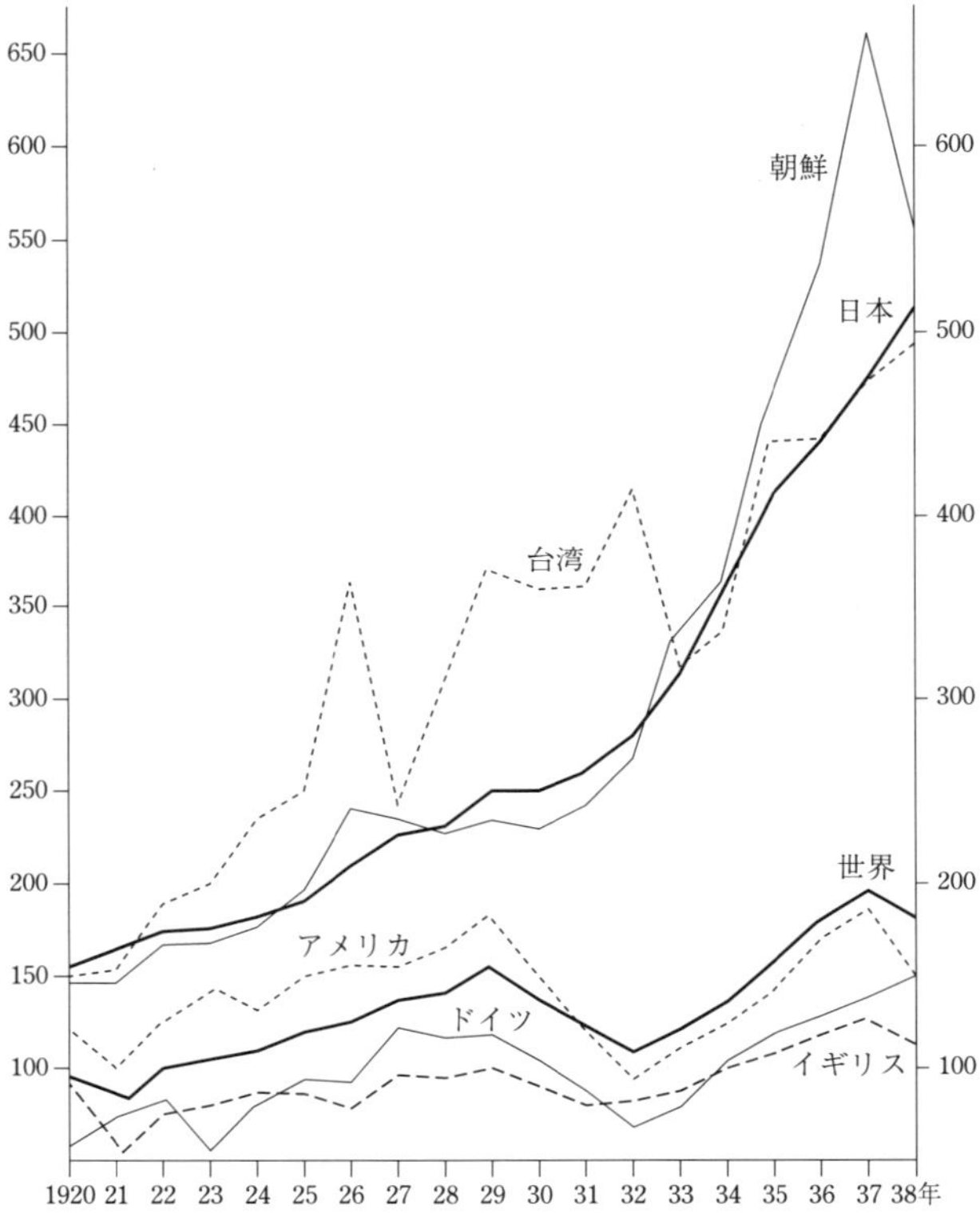

（注）　朝鮮のみ1914年＝100。
（出所）　F・ヒルガード著，山口和男ほか訳『工業化の世界史』ミネルヴァ書房，1979年，152–153ページ；溝口敏行・梅村又次編『旧日本植民地経済統計』東洋経済新報社，1988年，273, 276ページ。堀，前掲書，32ページより。

九三八年には五〇―四九人の工場は朝鮮人工場三五六二、日本人工場二〇八六であるが、五〇―九九人規模では朝鮮人工場一二二、日本人工場二一四、一〇〇―一九九人規模になると朝鮮人工場三五、日本人工場一二六となり、二〇〇人以上では朝鮮人工場一六、日本人工場一一二である。それでも一九三〇―三八年の増加のスピード（増加の割合）は五〇―九九人規模では朝鮮人工場のほうが速い。一〇〇―一九九人規模ではほぼ同じ、二〇〇人以上になると日本人工場の増加スピードのほうが速くなる。一九二〇年代までは二〇〇人以上でも朝鮮人工場の増加スピードのほうが速かったから、一九三〇年代には日本本土から大資本が本格的に進出したためである。

また、朝鮮人資本のなかに少数ながら中小工場から大工場に発展するものもあり[9]、日本人工場と朝鮮人工場は市場を通じて関連性を持つ場合も多かったし、販路は両者とも大部分は朝鮮内の民間部門であった[10]。

(3)　工業製品の市場

近代的工業部門では化学工業が第一位、繊維工業が第二位であるが[11]、化学工業の中心は硫安（化学肥料）である。朝鮮では一九二〇年代に産米増殖計画という大規模な農業開発が行われ農業の商品経済化が急速に進んだ。それにともない化学肥料、とくに硫安の使用が急増していった。当初は日本からの輸入が増加したが、一九三〇年に日本窒素の興南工場が稼働を開始し、生産額は急増して一九三八年に硫安は四四万トンになる。同年の朝鮮の硫安消費量は四八万トンで、一〇年間で約一〇倍に増えている。第二位の繊維工業のなかで最大部門であった綿工業も民需中心であり、当初は日本からの輸入が多かったが、三〇年代後半にほぼ自給を達成し、さらに満州、中国にも輸出するようになった。植民地期の工業化、とくに急速に進む一九三〇年代の工業化の市場的条件は、朝鮮内部の民間需要の急速な拡大であった。

(4)　食糧品の輸出——工業製品市場の形成

日本帝国主義の植民地支配の大きな特徴の一つは植民地化の初期に近代的土地改革を徹底的に行うことである。それによって前近代的な土地所有関係を廃止して近代的土地所有権を確立するのである。朝鮮においては一九一〇—一八年に土地調査事業が行われている[12]。これによって旧来の農村構造を大きく変え、商品経済に巻き込んでいく基礎条件が整えられた。そのうえで、一九二〇年代に産米増殖計画による農業開発が進んだ。それは第一次大戦後の長期不況によって生じた過剰資本を植民地金融機関を通じて水利をはじめとする農業の基盤整備、[13]農地開発や農業技術の改良に投資し、米作をはじめとする農業生産の増強をはかるというものである。その目的は一九一八年の米騒動によって社会問題となった日本の米不足、米価騰貴を解決することにあった。農業開発の進展によって農業生産は急速に発展した。それを数量的にみると、一九一五―一九年平均を一〇〇とすると、一九三五―三九年平均で耕地は一一六、肥料投入量一一二九であり、耕地の灌漑面積の割合は一九二〇―二四年平均の一七%から三五―三九年平均二八%へ、稲の改良品種普及率は一九一五―一九年平均三九%から三五―三九年平均八五%へ、米の一町歩(約一ヘクタール)当たり収穫量は一三八四キロから二〇八四キロに増加した。[14]

産米増殖計画によって米の増産が実現し、日本への米輸出が急増した。米価は日本のほうが高かったから、生産量の増加以上に輸出量が増加したために朝鮮内部の米消費量の減少を招いた。その不足分は満州から粟を輸入して補った。その一方で朝鮮米の輸出価格は上昇し、次第に日本米の価格に近づき、ときには日本米の価格を上回ることもあった。朝鮮米が改良品種になり、また朝鮮では農家は籾で販売し集荷されたうえで、精米業者によって籾摺り・精米されたから、農家が個別に籾摺りしていた日本よりも精米の質がよかったからである。米輸出によって増大した購買力が日本の工業製品の輸入を急増させることになった。米輸出が農村部をも含んで朝鮮内部の工業製品市場を急速に拡大することになったのである。それが工業化を引き起こす市場的条件になる。[15]産米増殖計画、日本への米輸出によって、地主の小作人への支配力は強まり、小作料は引き上げられた。農民層の分解、小作農の没落と脱農化が進み、農村人口が大量に都市、満州、日本に流出した。[16]

このように農業においても、日本本土の政府・資本および朝鮮総督府の主導による改造が進んだのであるが、そのなかで朝鮮人農民の主体的経営努力が発揮されたことも重要である。たとえば、従来、圧倒的に政策資金を使って日本人地主によって行われたと考えられてきた水利事業についても、一九一五―三〇年代末の灌漑面積の増加約五〇万町歩のうち政策資金の支援を受けた水利組合によるものは一九万町歩にすぎず、残りは朝鮮人農民による小規模な水利開発であり、水利組合の創設も三〇年代後半・四〇年代前半には、朝鮮人主体の小規模なものが主流を占めるようになることが明らかにされている。(17) また、米穀輸出や工業化、都市化に対応する野菜栽培などの商業的農業によって経営を発展させる農民層も存在した。(18)

3　植民地期工業化の特徴

朝鮮の工業化は、政治的独立を奪われた植民地における工業化であり、経済政策は本国である日本の利害を中心としていた。工業化を主導したのは本国の大資本（独占資本）であり、本国経済と結びつき、工業化が進めば進むほど朝鮮経済は日本経済の従属的な一環に組み込まれていった。その意味で植民地的工業化である。ただ当時における多くの植民地の工業化と比べると、非常に大規模で異常な速さで進んだ工業化である。しかも飛び地的工業化ではなく、朝鮮の社会と経済を根本的に変え資本主義化していくものであった。そのなかで朝鮮人資本も急速に成長した。

第二に、工業化のパターンという点からみると、農産物（一次産品）輸出に始まり、それによって増大した購買力により工業製品の輸入を増加させ、国内工業製品市場の拡大が市場的条件になって工業化が本格化するというプロセスであり、一九世紀末―二〇世紀初めの日本と同じタイプである。二〇世紀六〇年代以後の東アジアＮＩＥｓの輸出指向工業化とは異なるタイプである。韓国のＮＩＥｓ的発展が植民地期朝鮮の工業化を歴史的前提にしていると考えると、韓国の工業化も長期的に見ると日本と比較的類似したタイプになるのかもしれない。

第三に朝鮮の工業化は、両大戦間期、とくに世界経済のブロック化が進む一九三〇年代に進んだ。世界経済、世界貿易が極めて停滞的であったこの時期に、日本帝国圏のみが異常な経済発展を遂げている。朝鮮の急速な工業化はその一環であった。むしろ世界のブロック経済化のなかで、追いつめられた日本が自己の帝国圏の開発に集中せざるをえなかったことが、朝鮮工業化を規定した大枠であった。

第二節　中　国——開発独裁型中進資本主義化

戦後の日本における中国研究は、政治的・イデオロギー的傾向を強く帯びていた。その基礎には中国革命と中国社会主義への強い共感、しかし事実にもとづかない皮相的な共感があった。そうした傾向が中国研究の主流になったのは、日本の中国侵略に対する自責の念もはたらいていたと思われる。しかし、いわゆる文化大革命が起こると次第に中国社会主義の現実に対する疑問が強くなり、一九七八年末の開放政策への転換によって、中国社会主義の現実が次第に明らかになり、とくに一九八九年六月の天安門事件を契機に、中国社会主義の見直しが一挙に進んだ。一九九二年の社会主義市場経済論以後には、中国の資本主義化への動きが明確になった。こうした中国の現実の推移は、中国社会主義が資本主義を克服した歴史の新しい段階の体制ではないことを明らかにし、中国社会主義、中国革命の再検討を研究に迫ることになった。こうした動きにともない、従来、毛沢東理論の枠組みによる中国革命史中心であった中国近代史研究も大きく変わり、新しい実証研究が飛躍的に進み、理論的枠組みも大幅に変わってきている。

毛沢東理論に基本的に規定され、制約されていた従来の中国近代史（とくに二〇世紀初め—三〇年代を中心とする）の理論的枠組みの根本的欠陥はつぎのような点にあった[19]。

（1）毛沢東の半植民地半封建社会論は、中国の対外従属性を過大評価し、中国を基本的に植民地と同一視した。国内的には資本主義や国内市場の形成などの中国の経済発展を過小評価し、逆に農村構造を封建的な性格をもつものであるとした。なお、毛沢東理論の封建制とは地主制（地主小作関係）をさしているが、中国の地主制は封建制とはまったく異質な関係であり、経済外強制のない単なる土地の貸借関係である[20]。

（2）南京国民政府を対外的には買弁的であり、国内的には封建的な基盤に立つ政権であるとして極めて低い評価しか与えなかった。国民政府の民族主義的・資本主義的性格をほとんど評価しなかった。これは国民政府を中国革命の打倒目標としてとらえる共産党の立場から当然のことともいえるが、まったく政治的・イデオロギー的な評価である。

（3）大資本を買弁的・反民族的な封建的な官僚資本であり、中小資本を民族資本と規定したのであるが、これも政治的・イデオロギー的な評価であった。経済的にはこのような区別は不可能である。経済と政治はもちろん連関はあるが、互いに独立した要因である。また、大資本をこのように中小資本とはまったく別個のむしろ対立するものであるとしたことによって、中国資本主義を過小評価することになった。

（4）日本帝国主義と中国の対立を、帝国主義と半植民地の戦いであると規定し、日中戦争を帝国主義支配に対する植民地解放闘争と基本的に同じ性格のものとみた。しかし、日中戦争時にも国民政府は主権を維持しており、国民政府軍が抗日戦の主力であった。国民政府軍は正規軍であり、日本の侵略を跳ね返すだけの力を持っていた。共産党軍は主としてゲリラ戦を戦ったが、自己の力だけではとうてい日本の武力侵略に対抗することはできなかった。日中戦争は帝国主義と植民地との戦いとは異質の独立国同士の戦争であったのである。

最近の研究によると、中国において一九世紀末、とくに第一次世界大戦期から資本主義が急速に発達し、国民政府はこの経済的条件を基盤として成立した。そして自国の資本主義化を推進する民族主義的な権力、現在の言葉で言えば後発資本主義国の開発独裁の一種であったという考え方が有力になっている。(21) そして、日中戦争による戦時経済体制によって急速に国家統制が強化され、国有部門が拡大し、さらに日本帝国主義の敗北によって日本政府、日本人の資産を引き継ぎ、国有部門が肥大化した国家資本主義的な体制となった。国民党との内戦に勝利した共産党が、この体制を受け継いで国家社会主義的な体制を建設したという見通しが立てられている。(22)

そうした考えに沿って第一次世界大戦後の日中対立、日中戦争の性格を考えると、経済的には世界市場の分裂、資本主義の危機のなかで、自国のブロック経済圏の拡大をはかり、中国をそのなかに従属的に組み入れようとする帝国主義的日本資本主義と、アメリカ、イギリスに依存しながらも自立的資本主義化を目指す中国資本主義との対立であると見るのが妥当であろう。

1　中国の政治的対外従属性

従来の考え方によると、中国はアヘン戦争(一八四〇—四二年)以来、半植民地であるとされてきた。しかし中国はアヘン戦争以後、香港(イギリス)、アムール川左岸、沿海州、東トルキスタンのイリ地方の一部(以上ロシア)、台湾(日本)など外国に割譲された地域、つまり植民地となった地域と開港場の租界および一九三一年以後の日本占領下の満州(実質的には植民地に近い従属国)以外は一九三七—四五年の日中戦争期における日本の占領地域を除き、国家権力の中枢を外国に握られたことはなく、外国の支配を受けたこともない。外国帝国

郵 便 は が き

料金受取人払

本郷局承認

2

差出有効期間
平成14年4月1日まで
(切手は不要です)

113-8790

(受取人)
東京都文京区本郷1－5－17
三洋ビル16号室

桜 井 書 店　編集部 行

〒番号 □□□-□□□□
ご住所

お電話 (　　)　ファックス (　　)
Emailアドレス
(ふりがな)
お名前
男・女　年生まれ　歳

ご職業 1.学生(高校・大学・大学院・専門学校) 2.会社員・公務員 3.会社・団体役員 4.教員(小学・中学・高校・大学) 5.自営業 6.主婦 7.その他

ご関心のある分野 1.歴史(日本史:前近代・近現代 世界史 ヨーロッパ史 アジア史 歴史理論 その他
2.経済(日本経済 世界経済 アジア経済 経済理論 その他
3.教育(　) 4.法律・政治(
5.社会(社会学 社会理論 その他　) 6.哲学・思想(
7.心理(　) 8.環境(　) 9.その他(

近代東アジア史像の再構成　　　　読者カード

桜井書店の本をご購読いただき，ありがとうございます。今後の編集の資料とさせていただきますので，お手数ですが，下記の設問にお答えください。ご協力をお願いいたします。

●この本を最初に何でお知りになりましたか。

1．新聞広告（新聞名　　　　　　　　）　2．雑誌広告（雑誌名　　　　　　　　）
3．新聞・雑誌などの紹介記事で　4．書店・生協でみて　5．人にすすめられて
6．インターネットなどのＰＣ情報で　7．その他

●お買い求めの動機は？

1．タイトルが気に入ったから　2．テーマに興味があったから
3．著者に関心があるから　4．装丁がよかったから
5．書評・紹介記事を読んで　6．広告をみて
7．書店・生協の店頭で内容をみて
8．その他

●この本をお読みになってのご意見・ご感想や小社に対するご要望をお書きください。

ご協力ありがとうございました。

主義に対する従属性はあるが一貫して国家的自立性を保ってきた。

一八四二年の南京条約から一八九五年の日清戦争の終結までの時期は、不平等条約を強制され、中華帝国に朝貢していた周辺部の一部の喪失はあったが、朝鮮や東トルキスタン（現ウィグル自治区）に対してはかえって支配を強化しており、国際的な政治的地位は同時期の日本と基本的に同じ状態であったといえる。政治的・経済的従属性はあるがその弱い状態である。

第二期は、一八九五年から一九一五年の日本帝国主義の対中国二一箇条要求とそれへの中国政府（袁世凱政権）の屈服の時期である。一八九五年の日清戦争の敗北、一九〇〇年の義和団事件によって莫大な賠償金を課され、中国（清）政府は外債によって支払ったため、外債が急増した。外債の償還財源として関税が充てられ、国家財政に大きな比重をもつ関税が徴収だけでなく支出も外国人に管理されることになった。財政権の重要な一部がかなりの程度外国に握られたのである。また、日清戦争により台湾を失い、朝鮮に対する支配権を失った。遼東半島はロシアの租借地になり、義和団事件を契機に満州はロシアに占領され、日露戦争の結果、満州の南部に日本の、北部にロシアの勢力が浸透した。この時期が中国の政治的対外従属性が最も強くなった時期である。しかし、この時期においても国家主権は維持されており、政治的対外従属性が質的に変化したとはいえず、従属性が強まったという程度なのである。その意味で中国は時期によって程度の差はあるが、一貫して半植民地ではなく従属国（基本的に政治的独立国）であったのである。植民地とは政治的概念であるが（要するに主権を失った状態）、経済的にもアヘン戦争以後、半世紀間は外国貿易の影響は開港場とその周辺にしか及んでいなかった。

第三期は、両大戦間期である。この時期は国内的には、いわゆる軍閥混戦の時期を経て一九二八年に国民政府によって一応政治的統一がなされ、以後次第に国民政府の支配力が強化されていった。国際的には、ベルサイユ条約体制のもとで中国の政治的地位が徐々に上昇していく。低く抑えられていた関税率の引き上げが認められ、ついで関税自主権の回復も認められたし、さらに外国人に握られていた関税管理権も回収される。これは主として国民政府の努力による。次第に従属性の弱い従属国になっていったのである。

2 中国資本主義の形成と国民政府

(1) 貿易の増大と多様化

一九世紀末以後になると、貿易が急速に拡大する。表2・2で見ても、貿易額は一八七六―八〇年から一八九六―一九〇〇年の二〇年間に四〇%くらいしか増えなかったのに対し、一八九六―一九〇〇年から一九二〇年の二〇年間で五・八倍に増えている。その内容も輸出品は茶、生糸が圧倒的であったのが、一九世紀末から綿花、大豆、灯油、ゴマ、落花生、などの各種一次産品の輸出が急増している。これらは日本の紡績業、イギリス、ドイツの化学工業の原料であり、一九世紀末以後の欧米の第二次産業革命、日本の第一次産業革命に対応している。[23]

そのために、この時期は世界的に一次産品の価格が工業製品に対して相対的に有利になり、また中国が銀貨国であったために、世界的な金に対する銀の価格低落によって輸出価格が低く抑えられる傾向にあり、他の一次産品輸出国に対しても国際競争上有利であった。農産物輸出の急増により輸出農産物の生産地を中心に農村部にも貿易の影響が強まり、また輸出によって農村の購買力が増大した。そして農村購買力の増大が輸入面でも都市需要だけではなく、農村需要による輸入増加を引き起こした。それはまず綿糸、綿布の綿製品であり、一九〇五年には輸入の四〇・六%を占めるようになった。インド、ついで日本からの輸入である。そのほかは、米、砂糖、小麦粉などの食料品であり、さらに工業化の進展とともに鉄、鋼、銅などの金属や機械などの資本財も増加していった。

(2)　工業化の進展

農村を含む国内市場が形成されてくるのにともない、近代工業が開港場、とくに租界を中心にして発達しはじめ（租界はインフラが整備され、法制も整い、治安もよかった）、第一次世界大戦で欧米の工業製品輸入圧力が弱まると急速に発展し始めた。もっとも中国における国内市場の形成は、貿易の増大を契機にして、上海をはじめとする主要開港場を核にしており、そのような市場形成が一九世紀末までのように開港場の周辺だけでなく農村部まで包摂し始めたのであり、それによって在来の農村における流通機構が再編成されて組み入れられ始めたのである[24]。そのために、国内市場の形成は主要な開港場を中心とする、だいたい省くらいの広さの広域的な市場の形成という形をとり、在来の流通がそれによって広域ごとに地域的に分断されるという面もともなっていた[25]。このような市場形成のあり方が、清末の統一権力の解体、地方政権の自立化と結びついて、辛亥革命以後各地に半独立的な政権を生み出すことになった。また、開港場を中心とする沿海部と内陸部の経済格差が拡大した。

さて、工業化に話を戻すと、一九三三年の従業員三〇人以上の工場（従業員三〇人未満の原動力をもつ工場を一部含む）は、生産額、労働者数とも軽工業が圧倒的で、とくに綿紡織業を中心とする繊維工業の比重が大きい（表2・4）。外国資本は全体で生産額の二一・九％、就業者数の一七・二％であり、ある程度の比重を占めているが、中国資本が中心である。従業員三〇人未満の工場では中国資本が圧倒的であるから、近代工業における外国資本の比重はそれほど大きくはない。植民地朝鮮の場合と比べれば、質的に異なる。また、その発展の仕方をみても、軽工業における近代的工場経営は最初は外国資本によって始められる場合が多いが、それが成功を収める

表 2·4　近代工業（従業員30人以上）の構成（1933年）　（　）内%

	総生産額（百万元）			就業者数（千人）		
	中国資本	外国資本	計	中国資本	外国資本	計
重化学工業	241.4	43.5	284.9(12.6)	86.9	14.5	101.4(10.7)
機械	68.8	17.9	86.7	52.2	8.2	60.4
金属	83.0	2.8	85.8	20.1	0.9	21.0
化学	89.6	22.8	112.4	14.6	5.4	20.0
軽工業	1,529.7	454.1	1,983.8(87.4)	695.7	148.1	843.8(89.3)
繊維	721.0	262.4	983.4	486.0	106.7	592.7
綿紡織	473.3	251.9	725.2	193.8	100.7	294.5
製糸	37.6	0.7	38.3	97.4	1.3	98.7
人絹・絹織物	77.4		77.4	84.0		84.0
毛織物	17.1	4.2	21.3	4.8	2.0	6.8
食品	561.2	156.4	717.6	71.4	27.5	98.9
製粉	170.0		170.0	8.4		8.4
タバコ	122.7	114.9	237.6	19.5	18.2	37.7
精米	151.3		151.3	14.1		14.1
精油	54.6	3.6	58.2	9.5	0.6	10.1
製糖	7.2	0.5	7.7	0.3		0.3
窯業	52.1	2.5	54.6	38.8	1.4	40.2
セメント	23.2		23.2	8.1		8.1
雑貨	195.4	32.8	228.2	99.5	12.5	112.0
マッチ	28.3	5.5	33.8	27.4	4.6	32.0
総計	1,771.1(78.1)	497.6(21.9)	2,268.7(100.0)	782.6(82.8)	162.6(17.2)	945.2(100.0)

（注）Ta-Chung Liu, Kung-Chia Yeh, *The Economy of the Chinese Mainland*, 1965, pp. 426–428 より作成，東北を除外した中国本土分のみの数。従業員30人未満の原動力を有する工場を一部含む。久保亨「南京政府の関税政策とその歴史的意義」『土地制度史学』86号，1980年 1 月，45ページより（同『戦間期中国〈自立への模索〉――関税通貨政策と経済発展』東京大学出版会，1999年，所収）。

とすぐに中国資本がその分野に参入し、やがて中国資本が支配的になっていくのが一般的なあり方であった[26]。つぎに当時の中心的工業部門である綿工業を例にとってその工業化を概観してみよう。

中国の綿工業は、前近代からすでに農家の自給的なもののほかに、江南などで農家副業的な商品生産が発達し、その製品は華北、東北、四川など全国的に販売されていた[27]。開港後も、こうした流通はあまり変化しなかった。

しかし、一八八〇年代になると綿糸輸入が急増し始める。これは太糸のインド、日本の綿糸であり、それが農村の在来土布生産の原糸として使われるようになったのである（新土布）。中国では前近代において綿製品の市場はある程度発達していたが、そのうち綿糸市場はほとんど発達しなかった。生産工程において綿糸と綿布の生産が結合していたからである。日本では開港前に綿糸と綿布の生産は分離し、社会的分業を形成していたから、貿易が始まるとすぐに綿糸輸入が急増していくのであるが、中国では開港後四〇年を要したのである。(28)また、輸入綿糸を使用したのは華北などの従来、綿織物工業のなかったところであり、開港場に近く輸入綿糸を購入しやすい、あるいは消費地に近く販売に有利である、などの条件のあるところに新興綿織物生産地が形成されたのである。江南などの従来からの綿工業の中心であったところは輸入綿糸への転換はかえって遅れた。日本では中心的な先進綿織物生産地が真っ先に輸入綿糸に転換した。このように中国における在来綿織物業の対応は日本とは相当異なる面をもっているが、しかし中国においても日本と同様に、在来産業の世界資本主義への包摂による近代的変革が開始されたのである。

この綿糸市場の拡大を市場的条件として、近代的紡績業が急速に発展していく。さらに一九二〇年代からは紡績会社の兼営織布や経糸緯糸とも比較的高番手の機械製綿糸を用い、足踏織機を導入した改良土布の生産（その生産形態は資本主義的家内工業が多い(29)）が発達していく。そして近代的紡績業は輸入綿糸を駆逐し、ついで二〇年代からは輸入綿布の駆逐が開始される。さらに三〇年代には東南アジアを中心にして、綿製品輸出も行われるようになるのである。中国は綿工業を中心にして軽工業部門においては、第一次世界大戦後に輸入代替工業化が進み、三〇年代にほぼ完成し輸出が開始されるわけである。しかし、重化学工業部門は未発達であり、工業化の進展によって重化学工業製品の輸入は増加していった。中国の工業化は、一九三〇年代に第一次輸入代替を終える時期に達したといえるであろう。ただし人口、国土が大きく、また地域的不均等性の大きい中国では、農村の

自給的、あるいは単純商品生産的な農家家内工業が根づよく残存した。(30)

(3) 国民政府とその経済政策

この中国資本主義の発達を基盤にして、国民党の全国統一が進み、一九二八年六月に国民革命軍が北京に入城し、一二月に東北軍閥の張学良が国民政府に合流して、中国の政治的統一が一応完成した。なお、国民政府に合流した地方政府(元の軍閥)の力は強く、しばしば中央政府に対し反乱を起こしたし、中央政府内部でも対立があった。しかし次第に中央政府の統制力が強化され、中央政府内部では蔣介石を中心とする体制がつくられていった。南京を首都とした国民政府(南京国民政府)は国民党一党独裁の政権であったが、対外自立政策と国内経済開発政策を推進した。

国民政府は国内の資本家層の強力な支持を受けていたが、一九一九年の五四運動に始まる民族運動の支持と同時にその監視も受けていた。国民政府は民族革命政権であるといえる。対外政策のなかで最も成功を収めたのは関税政策であり、関税自主権を回復し(一九二八年七月にまずアメリカが承認し、ついで一二月にイギリス、日本が最後で三〇年五月)、輸入関税を引き上げていった。(31) それによって綿製品、雑貨、セメントなどの軽工業を中心とする輸入代替工業化を促進し、主要部門の国内自給率は八〇—一〇〇%に達した。表2・5にも一九二六年の軽工業製品を中心とする輸入構成が、一九三〇年代には重化学工業製品を中心とする構成に劇的に変化することが示されている。一方、関税収入が大幅に増加し(北京政府期の三倍以上)、一九二八—三二年度の歳入の四四・八%、税収の六〇・三%を占め、財政基盤が強化された。(32) もう一つ重要なのは幣制改革であって、(33) 一九三三年に国内の銀の通貨単位であり、また、地域・業種などによって多様に異なる両を廃止し、国際的な単位であ

表2･5　輸入品構成の推移　（単位：百万米ドル，（　）内％）

	1926年	1932年	1933年	1934年	1935年	1936年
一次産品	306.7(35.90)	163.2(45.78)	162.6(45.83)	138.6(39.78)	132.2(38.98)	83.3(29.80)
重化学工業製品	161.4(18.89)	95.4(26.76)	115.9(32.65)	138.8(39.83)	136.4(40.23)	131.3(46.93)
機械	29.0	17.8	20.9	32.6	35.0	33.4
金属	57.0	32.4	45.5	52.3	45.3	46.4
化学	75.3	45.2	49.4	53.8	56.1	51.3
軽工業製品	372.5(43.60)	93.6(26.31)	72.3(20.36)	63.5(18.25)	55.5(16.39)	39.7(14.26)
繊維	212.9	43.4	29.9	26.0	20.3	14.3
食品	117.1	38.2	30.7	24.8	22.2	14.4
窯業	8.4	4.8	4.3	4.2	3.9	2.5
雑貨	34.1	7.4	7.4	8.6	9.2	8.5
分類不能	14.1(1.65)	4.1(1.16)	4.2(1.18)	7.4(2.13)	14.9(4.42)	24.9(8.91)
総計	854.4(100.0)	356.5(100.0)	354.9(100.0)	348.4(100.0)	339.2(100.0)	279.7(100.0)

（注）各年海関報告記載の品目別輸入額を，独自の基準によって分類し累計して求めたもの。なお，分類基準については，久保論文末尾の補注参照。久保亨「南京政府の関税政策とその歴史的意義」『土地制度史学』86号，1980年1月，45ページより。

る元に統一した（廃両改元）。そのうえで一九三五年、アメリカ、イギリスの支持を受けて、銀通貨から政府系銀行の発行する国家紙幣（法幣）に統一し、元をポンドにリンクさせ、為替レートを切り下げ気味に安定させ、政府の通貨政策の影響力を強化した。また、それによって金融事情も改善され、成長通貨の供給が可能になり、景気回復のテコになった。

3　日本の対応

このような中国資本主義の発展と国民政府の政策に対してまずアメリカが支持し、中国に多くの既得権益を持っていたイギリスも動揺はあったが、結局支持に回った。アメリカ、イギリスは中国のナショナリズムがより急進化することを避け、また南京国民政府のソ連への接近を避ける必要性があり、また、国民政府による中国情勢の安定化を望んだのである。国民政府の国内統一は中国の対外的立場を強化し、外国帝国主義の国民政府に対する圧力が相対的に弱まったこともある。これに対し、日本は政治的にはアメリカ、イギリスと同調して国民政府を支持する路線（幣原外交）と国民政府と対立し

表2·6　主要相手国別輸入品構成の推移

（単位：百万ドル，（　）内%）

	1926年	1932年	1936年
イギリス			
一次産品	2.7(3)	0.4(1)	3.9(12)
重化学工業製品	21.2(24)	20.7(51)	18.1(55)
軽工業製品	63.6(72)	19.0(47)	8.5(26)
分類不能	0.9(1)	0.4(1)	2.0(6)
総計	88.4(100)	40.5(100)	32.8(100)
アメリカ			
一次産品	82.7(58)	63.1(69)	18.2(33)
重化学工業製品	29.9(21)	15.6(17)	24.8(45)
軽工業製品	27.1(19)	11.9(13)	3.9(7)
分類不能	4.3(3)	0.9(1)	8.3(15)
総計	142.6(100)	91.5(100)	55.1(100)
日本			
一次産品	58.9(23)	6.6(13)	6.8(15)
重化学工業製品	38.4(15)	13.6(27)	25.6(56)
軽工業製品	153.6(60)	28.8(57)	11.9(26)
分類不能	5.1(2)	1.5(3)	1.4(3)
総計	256.1(100)	50.5(100)	45.6(100)
ドイツ			
一次産品	0.7(2)	0.2(1)	0.4(1)
重化学工業製品	21.2(61)	20.5(84)	33.9(76)
軽工業製品	11.5(33)	3.2(13)	2.2(5)
分類不能	1.0(3)	0.5(2)	8.5(19)
総計	34.7(100)	24.5(100)	44.6(100)

（注）分類基準については表2·5と同じく久保論文末尾の補注参照。久保，前掲論文，52ページより。

て軍事力を背景に中国を自国の経済圏（円圏）に組み入れようとする路線が競合していた。

経済的な面から見ると、中国の軽工業の輸入代替の進行によって最も打撃を受けたのは日本、ついでイギリスであり、アメリカは中国の工業化に原・燃料や資本財を供給する立場にあり、有利であった（表2・6）。

ただこの点についても、日本の中国向け輸出の中心であった綿製品は、上海、天津、青島などに工場の建設が急速に進んでおり（在華紡[34]）、直接投資によって関税障壁をくぐり抜けていたし、三〇年代には機械や硫安などの重化学工業製品の中国向け輸出は伸びていた（一九三二―三六年の中国の重化学工業製品輸入増加額はドイツから一三〇〇万ドル、アメリカから九〇〇万ドルに対し、日本からは一二〇〇万ドルであり、逆にイギリスからは二六〇〇万ドルの減少である）。日本の重化学工業は全体としては欧米に比べ脆弱であったが、繊維関係機械や硫安など一部では強力であり、また価格的に安いために小型機械では欧米製品を駆逐しつつあった。これらを担った財閥系資本や紡績資本は必ずしも強硬政策を支持していたわけではなかった。

しかし、日本は一九三一年に満州事変を起こし、以後、強硬路線が優位に立っていく。日本は中国の工業化の発展と資本主義化、民族主義の発展を過小評価し、国民政府が民族主義を代表していることを見誤ったのである。また、世界的には両大戦間期は帝国主義時代が終わりに近づき、つぎの時代を迎えつつあったのであるが、日本はそのことを理解できなかった。

第三節　東南アジア——植民地経済から東アジア・太平洋経済圏の端緒へ

1　植民地経済の形成

東南アジアが欧米勢力によって植民地化され、欧米に従属する経済構造が形成されるのは、一九世紀に入ってからであり、とくに一九世紀後半である。

島嶼部東南アジアでは、一八一九年、イギリスがシンガポールを領有、一八二五—三〇年のジャワ戦争によりオランダのジャワ支配が確立して、強制栽培制が開始され、一八三四年、マニラ開港によってスペイン領であったフィリピンもイギリス主導の国際貿易体制に組み込まれた。一八九八年の米西戦争の結果、フィリピンはアメリカ領になった。大陸部東南アジアはやや遅れるが、イギリスは一八二四—二六年の第一次ビルマ戦争、一八五二—五三年の第二次ビルマ戦争によって下ビルマ（イラワディ川下流域）を奪い、六二年、イギリス・ビルマ通商条約（不平等条約）を押しつけ、さらに八五年の第三次ビルマ戦争の結果、翌年一月ビルマを併合した。フランスは第二次アヘン戦争（一八五八年）に動員した兵力を使って一八五八年、ベトナム侵略を開始し、一八六二年、サイゴン条約を結んでコーチシナ東部三省を奪い、六三年、カンボジアを保護領とし、六七年にはコーチシナ西部三省も実力で併合した。一八七四年のサイゴン条約では、コーチシナ六省に対するフランスの主権の承認、ベトナムのフランス保護領化が決定した。フランスはさらにシャムに圧力を加え、一八九三年にシャムの保護国であったラオ族三王国をシャムから奪い、一八九九年、フランス領インドシナの一部に正式に編入した（ラオス）。ビルマ、カンボジア、ベトナム、ラオスにはさまれたシャムは、一八五五年にイギリスと不平等条約を結んだが、イギリスとフランスの対立の狭間にあって、かろうじて独立を維持した。

領土的植民地化と同時進行的に、ヨーロッパ—東アジア間の運輸・通信手段の飛躍的な発達、貿易金融へのヨーロッパ系銀行の進出などによって、[35]欧米主導の貿易体制が確立した。一八四五年、イギリスのP・O汽船がセイロンからシンガポールを経て香港に至る定期航路を開設し、イギリス—香港間がそれまでの五ヵ月から八〇日に短縮され（スエズ地峡は鉄道を使用）、四九年、香港から上海に延長され、六四年には横浜まで延びた。さらに一八六九年にスエズ運河が開通し、ロンドンから横浜までは四〇日になった。ただし、この時期の汽船の運賃は帆船に比べかなり割高であり、汽船によって輸送されたのは旅客・郵便物のほかは、生糸、茶、正貨などの量の割には高額の商品で、一般の貨物はほとんど喜望峰回りの帆船によって運ばれた。むしろ、汽船の発達はヨーロッパ—アジア間の連絡を緊密にし、それによって貿易を急速に拡大させ、帆船の全盛時代をもたらしたのである。電信は海底電線によりロンドン—シンガポール間が一八七〇年に開通、翌七一年、長崎まで延長された。一八六〇年代にはロンドン—横浜間の通信は二ヵ月を要したが、これによって一〇日に短縮され、さらに七三年、長崎—横浜間の官設電線を使って四日で可能になり、まもなく一日になった。[36]

こうした政治的・経済的条件によって、東南アジアにおいて欧米、とくに本国に従属する植民地経済が形成されていった(37)。

まず、島嶼部（インドネシア、マレーシア、フィリピン）ではプランテーション型の産業が発達した。主要なものとしては、ジャワとフィリピンの甘蔗と製糖業のプランテーション、英領マレーとオランダ領インドネシアのスマトラの煙草、ココヤシ、ゴムのプランテーションと錫鉱山が開発された。マレー、スマトラは人口が希薄であったから、労働力として南インド、華南、ジャワから移民や出稼ぎ労働者が流入した。生産物の輸出先は本国を中心とする西ヨーロッパであった。

大陸部では仏印のメコン、シャムのチャオプラヤ、ビルマのイラワディの三大河川の最下流デルタ地帯に輸出向けの米作地の開発が進んだ。その労働力は同じ国内の古い開発地、メコンはトンキン、アンナン、チャオプラヤは中流地域、イラワディは上ビルマなどから移住した農民であった（一部は華僑）。その米作経営は家族労働力中心の小経営であった。集荷、加工（脱穀、精米）と輸出は外来の商人、仏印、シャムでは華僑、ビルマでは印僑によって行われた。米の輸出先は島嶼部のプランテーション地帯のマラッカ海峡沿岸地域と人口の多いジャワ、中国、インドであった。

こうして、一九世紀、とくに中頃から植民地経済が形成されていったが、同じように植民地化していったアフリカ、南アジア、西アジア、そして一九世紀初めに植民地から独立したラテンアメリカと異なる点は、本国を中心とする欧米に対する一次産品輸出と製品輸入という貿易パターンとともに、東北アジア（中国、香港、日本）、インドとの貿易および東南アジア域内貿易が発達していったことである(38)。この貿易のかなりの部分を握ったのは華僑、印僑であった。このことは一八世紀までの歴史的条件も作用しているし(39)、また二〇世紀の変化につながっていく条件の形成でもある。

2　貿易構造の転換

二〇世紀、とくに第一次世界大戦後にこの地域の貿易構造は大きく変化していく。一九世紀にはイギリスを中心として、本国との関係が主要であったが、二〇世紀に入ると輸出においてはアメリカ、輸入においては日本との関係が強まっていくのである。

まず、島嶼部東南アジア。総輸出に占めるアメリカ向け輸出の比率は、フィリピン一九一二年三七％から一九二七年七五％、インドネシア一九一三年二％から一九二〇年一三％、マレー一九一三年一四％から一九二七年四四％、輸入でもアメリカのシェアは輸出ほどではないが増えている（表2・7）。日本からの輸入はマレーを除き、インドネシア、フィリピンでは急速に増加している。大陸部東南アジアでは、アメリカとよりも東アジア地域との貿易関係が強まった。仏印の輸出は中国、香港、日本向けが一九一三年四五％から一九二六年五六％、タイの輸出はマレー、シンガポール、インドネシア向けが一九一三年四〇％から、一九二六年四九％、タイの輸入は中国、香港、日本からが一九一三年二八％から一九二六年三八％である。

一九二九年の大恐慌によって、東南アジアの一次産品輸出は大幅に減少し、それにともなって輸入も減少した。しかし、三〇年代に次第に回復に向かい、とくに三〇年代後半には、かなりの回復をみた。輸出では、フィリピンの砂糖、マレー、インドネシアのゴム、錫を中心としてアメリカのシェアが一層増大した。イギリスのシェアは一層減少した。仏印は差別的な貿易政策を一層強化したので、例外的にフランスへの輸出が増え、東アジアへの輸出シェアが減った。輸入においても、アメリカ、イギリスのシェアが低下し、フランスからの輸入が例外的に増加した。なお、この時期にはフィリピンもアメリカの特恵関税制度のもとにおかれていたから、やはりアメリカのシェアが増えている。

一番大きな特徴は、日本からの輸入シェアの増加であり、一九三七年において、インドネシアでは二五%で首位、タイ（一九三九年に国号をシャムからタイに変更したが、ここでは便宜的に両大戦間期はタイで統一しておく）では二〇%でマレーについで二位、フィリピンでは一五%でアメリカに次いで二位、ビルマでは九%でインドに次いで二位、マレーでは六%で四位である（表2・8）。とくにインドネシアは東南アジアへの日本からの輸出額の約半分を占めた。日本のインドネシア向け輸出は一九一〇年を一〇〇とすると、一九二三年に一五二八、一九二五年三三二〇と急激に増加したのである。(40) 輸出品は綿製品が中心であり、そのほかガラス製品、陶器類、

表2・7　相手国別輸出入構成の変化（1910～20年代）

蘭印の主要相手国別貿易額比率[1]　（単位：%）

貿易相手国	輸出 1913年	輸出 1920年	輸入 1913年	輸入 1920年
アメリカ	2.17	13.38	2.07	14.59
イギリス	3.90	6.45	17.53	18.46
オランダ	28.10	15.93	33.26	23.57
ドイツ	2.33	0.37	6.59	3.29
オーストラリア・NZ	2.09	4.57	2.42	3.22
日　本[2]	5.83	6.30	1.62	12.34
中　国	2.88	1.42	2.11	1.03
香　港	5.57	6.11	1.71	2.47
インド	14.48	9.71	5.21	1.59
海峡植民地[3]	20.95	13.66	18.69	12.74
その他	11.70	22.08	8.79	6.70

（注）1）民間貿易のみ。
2）台湾，朝鮮，大連，ウラジオストックを含む。
3）英領マレー，シンガポール，ペナンの合計。
（出所）『東洋及び南洋諸国の国際貿易と日本の地位』三菱経済研究所，1933年，201-206ページ。

フィリピンの主要相手国別貿易額比率（単位：%）

貿易相手国	輸出 1912年[1]	輸出 1927年	輸入 1912年[1]	輸入 1927年
アメリカ	36.80	74.59	45.53	61.70
イギリス	16.90	5.50	10.04	4.47
フランス	4.82	1.02	2.60	1.42
スペイン	4.52	3.66	2.52	0.76
ドイツ	2.37	2.02	4.87	3.07
オーストラリア	1.17	0.58	5.00	1.95
日　本	7.13	4.96	4.93	9.57
中　国[2]	3.49	1.72	3.52	6.35
香　港	5.65	0.88	1.36	0.24
インド	2.26	0.90	2.70	2.04
仏　印	0.02	0.03	11.97	1.05
その他	14.86	4.13	4.97	7.37

（注）1）1912/13年度。
2）関東州を含む。
（出所）同前，243ページ。

表 2·7（つづき）

マレーの主要相手国別貿易額比率　（単位：%）

貿易相手国	輸出 1913年	輸出 1927年	輸入 1913年	輸入 1927年
アメリカ	14.18	43.98	1.75	3.21
イギリス	28.84	14.94	14.48	13.39
オランダ	0.26	3.92	0.89	1.17
フランス	4.02	3.21	0.69	1.13
ドイツ	5.66	1.58	2.06	1.38
オーストラリア	0.44	3.36	2.66	1.72
日本	1.70	3.64	3.53	3.05
中国	0.88	0.81	3.36	3.54
香港	4.16	0.95	11.58	3.62
インド	7.89	3.10	14.86	8.20
蘭印	16.63	9.54	19.24	36.71
タイ	3.85	2.77	12.76	11.42
仏印	1.10	0.98	4.52	2.43
その他	8.19	4.67	5.56	4.48

（出所）同前，263–264ページ。

仏印の主要相手国別貿易額比率　（単位：%）

貿易相手国	輸出 1913年	輸出 1926年	輸入 1913年	輸入 1926年
アメリカ	n.a.	n.a.	1.14	3.12
イギリス	2.17	1.00	1.22	1.42
フランス	26.31	21.38	30.85	48.48
日本	6.06	9.44	1.05	3.18
中国	5.96	29.22	5.91	11.05
香港	32.69	17.82	19.38	13.80
シンガポール	11.11	7.66	6.24	4.31
蘭印	7.01	4.91	0.78	3.89
その他	8.69	8.57	33.42	10.74

（出所）同前，282–283ページ。

加工食品などであった。インドネシアはオランダの植民地であったが、この時期（世界経済のブロック化の時期）でも比較的自由主義的政策をとり、オランダは一九三六年まで金本位制を維持していたから、日本の金輸出再禁止（一九三一年）によって円はオランダ・ギルダーに対して大幅に切り下げられた。また、オランダの工業力が比較的弱かったということもあった。タイ、フィリピン、ビルマでは二位であるが、一位は近隣のマレーやインドであり、本国のアメリカである。このような急激な日本の経済進出は本国政府、本国資本、植民地当局、植民地の資本に警戒心を引き起こすことになった。しかし、それらの間で利害の一致があるわけではなかった。日本からの輸入の増大に利益を持つものも多かったのである。また、商品の違いや時期の違いによってその立場が変わることもあった。

第一次世界大戦後の東南アジア貿易は、アメリカの自動車工業をはじめとする二〇世紀資本主義の中核になる新しい産業が主導するものであり、ゴム、錫などの一次産品輸出が伸び、輸出によって購買力の増大した東南アジア市場にイギリスや本国からの消費財を中心とする工業製品輸入に代わって、日本の安価な消費財が大量に輸入されるようになったのである。一九二九年の世界恐慌以後、一次産品輸出が激減し、東南アジアの購買力が大きく落ち込むと、安価な日本製品への需要は一層強まった。

表2・7（つづき）
タイの主要相手国別貿易額比率　（単位：%）

貿易相手国	輸出 1913年[1]	輸出 1926年[2]	輸入 1913年[1]	輸入 1926年[2]
アメリカ	0.13	0.33	3.17	3.10
イギリス	5.04	1.39	21.55	14.16
オランダ	7.21	1.50	1.56	1.60
ドイツ	6.43	3.26	7.32	4.74
日本	0.52	7.32	2.31	5.23
中国	0.29	8.82	9.68	10.19
香港	32.22	19.00	16.00	22.69
インド	1.70	0.56	10.28	9.71
シンガポール・マレー	38.73	45.34	17.14	13.93
蘭印	1.04	3.71	2.97	5.91
その他	6.71	8.77	8.03	8.71

（注）1）1913/14年度。
2）1926/27年度。
（出所）同前，294–295ページ。
（資料）加納啓良「国際貿易から見た20世紀の東南アジア植民地経済――アジア太平洋市場への包摂」『歴史評論』539号，1995年3月，47ページより。

東南アジアの対米貿易は黒字であり、対日貿易は一九三〇年代にはだいたいにおいて赤字であったから、資金的にもアメリカ、東南アジア、日本という太平洋を挟む循環構造が形成され始めた。日本の対米貿易は赤字なので、資金はアメリカ→東南アジア→日本→アメリカと循環するのである。二〇世紀に入り、とくに第一次世界大戦以後、東南アジアはヨーロッパ本国を中心とする植民地的経済関係から、東アジア・太平洋経済圏に組み入れられる方向に転換し始めたのである。

3　現地経済の変化——華僑、小農経営の台頭

こうした動きと関連しながら、東南アジアの内部においても新しい変化が起こってきた。生産、流通において、華僑や現地農民の進出が進むことである。

マレーの錫産業では、精錬業はヨーロッパ企業が優位を占めていたが、鉱山業では華僑の経営が圧倒的に多く、一九一〇年代には七五％以上を占めていた[41]。ゴムの生産は主にヨーロッパ企業によるプランテーションによって行われていたが、中国人経営もかなりあったし、日本人経営も二〇世紀初めに急増した[42]。ゴムは華僑の商業ネットワークを通じてシンガポールに集められ、主としてアメリカに輸出された。

二〇世紀に入ると、輸出農産物生産においてヨーロッパ企業のプランテーション経営に代わって、現地の小農経営が台頭した。たとえば、インドネシアでは農民は一八九八年に輸出農産物の一〇％を生産したにすぎなかったが、一九二九年には三分の一以上を生産するようになる[43]。さらに一九三〇年代になると、ヨーロッパ企業のプランテーションは種々の優遇措置を受けていたにもかかわらず、世界恐慌の影響によって急速に衰退したが、農民の輸出農産物生産はかなり持ちこたえ、三〇年代後半にはかなり発展し、一九三〇年代末にはゴム生産の約半分を占めるようになり、コーヒー生産ではさらに高い割合を占めた[44]。

輸出入差額				
フィリピン	仏　印	タ　イ	マレー	蘭　印
1,149	1,281	−45	3,829	1,279
73	13	−110	−80	93
−1	3,600	n.a.	n.a.	168
−23	n.a.	−	n.a.	977
−47	n.a.	n.a.	n.a.	−138
−122	603	−162	202	−821
−47	−46	n.a.	n.a.	47
n.a.	1,593	126	−18	88
−34	n.a.	−2	70	−67
−	n.a.	n.a.	n.a.	n.a.
n.a.	−	n.a.	n.a.	n.a.
n.a.	−213	−	n.a.	n.a.
n.a.	1,378	822	−	1,542
n.a.	−558	n.a.	−1,889	−
n.a.	n.a.	n.a.	n.a.	n.a.
−2,023	−12,076	−949	−4,870	−2,794
845 (10万ペソ)	10,317 (10万フラン)	577 (10万バーツ)	2,107 (10万海峡$)	4,606 (10万ギルダー)
1,483 (10万円)	1,444 (10万円)	915 (10万円)	4,252 (10万円)	8,888 (10万円)

表2･8　1937年の東南アジア6ヵ国の貿易

貿易相手国	輸出					輸入				
	フィリピン (%)	仏　印 (%)	タ　イ (%)	マレー (%)	蘭　印 (%)	フィリピン (%)	仏　印 (%)	タ　イ (%)	マレー (%)	蘭　印 (%)
アメリカ	79.8	6.9	0.7	44.2	18.7	58.1	3.3	5.0	2.3	10.2
イギリス	4.1	1.3	1.6	11.1	5.3	2.4	2.1	12.2	15.6	8.3
フランス	0.5	46.1	n.a.	7.7	2.5	0.8	53.5	n.a.	n.a.	1.5
オランダ	0.7	n.a.	1.2	n.a.	20.1	2.0	0.6	2.0	n.a.	19.1
ドイツ	1.2	2.5	1.6	n.a.	3.0	3.8	n.a.	n.a.	1.9	8.5
日　本	6.6	4.2	3.5	6.7	4.5	14.8	3.1	19.8	5.8	25.4
中　国	0.6	5.4	n.a.	n.a.	1.4	3.0	9.2	n.a.	4.0	1.8
香　港	0.7	11.4	12.5	0.9	1.6	n.a.	8.7	7.6	1.4	1.4
インド	0.5	n.a.	2.5	2.7	0.6	2.2	2.8	4.0	2.5	2.6
フィリピン	—	0.0	n.a.	n.a.	n.a.	—	n.a.	n.a.	n.a.	n.a.
仏　印	n.a.	—	n.a.	n.a.	n.a.	1.2	—	n.a.	1.9	n.a.
タ　イ	n.a.	0.5	—	n.a.	n.a.	n.a.	2.1	—	13.6	n.a.
マレー	n.a.	7.5	66.5	—	20.1	n.a.	3.7	27.2	—	7.5
蘭　印	n.a.	0.5	n.a.	3.9	—	2.1	4.4	5.0	32.4	—
ビルマ	n.a.	n.a.	n.a.	n.a.	n.a.	n.a.	n.a.	n.a.	4.2	n.a.
その他	5.22	13.68	10.00	22.72	22.21	9.6	6.4	17.2	14.3	13.8
総　額（現地通貨）	3,025 (10万ペソ)	25,941 (10万フラン)	1,695 (10万バーツ)	9,029 (10万海峡$)	9,512 (10万ギルダー)	2,181 (10万ペソ)	15,624 (10万フラン)	1,118 (10万バーツ)	6,922 (10万海峡$)	4,900 (10万ギルダー)
総　額（円換算）	5,311 (10万円)	3,631 (10万円)	2,690 (10万円)	18,220 (10万円)	18,354 (10万円)	3,828 (10万円)	2,187 (10万円)	1,775 (10万円)	13,968 (10万円)	9,466 (10万円)

相手国	ビルマ		
	輸　出 (%)	輸　入 (%)	差　額 (10万ルピー)
アメリカ	0.22	4.33	−92
イギリス	16.91	2.01	805
フランス	n.a.	n.a.	n.a.
オランダ	1.53	1.93	31
ドイツ	3.81	n.a.	n.a.
日　本	2.28	8.78	−94
中　国	0.52	0.21	21
香　港	n.a.	n.a.	n.a.
インド	50.94	49.18	1,398
フィリピン	n.a.	n.a.	n.a.
仏　印	n.a.	n.a.	n.a.
タ　イ	n.a.	n.a.	n.a.
マレー	5.89	2.56	236
蘭　印	n.a.	n.a.	n.a.
ビルマ	—	—	n.a.
その他	17.91	31.00	−1,478
総　額（現地通貨）	5,043 (10万ルピー)	2,381 (10万ルピー)	2,662

平均為替率
1ペソ＝1.755円
1フラン＝0.140円
1バーツ＝1.587円
1海峡$＝2.018円
1ギルダ＝1.930円

（注）1）タイは1937/38年度。
2）マレーには海峡植民地を含む。
3）仏印のマレー向けはシンガポール向けのみ。
4）蘭印のマレー向けはシンガポールとペナン向けの合計。
5）ビルマのマレー向けは海峡植民地向けのみ。
6）各国通貨の円換算率は，1937年当時の平均為替率による。
（出所）南洋協会編『南方圏貿易統計表』日本評論社，1943年の各表から計算。加納，前掲論文，51ページより。

こうした農民の商品生産の強靭性は、家族労働力による経営であり、経営内に自給部分を持っており、あるいは輸出だけでなく国内市場にも基盤を持っていたからである。たとえば、ジャワの糖業は輸出はオランダ企業のプランテーション、ヤシを原料とする国内用の黒糖生産は農民によって、それぞれ担われていたが、一九世紀後半から東部ジャワで甘蔗を原料とする黒糖生産が農民によって始められ、二〇世紀初めからは近代的製糖工場がこの農民の生産した甘蔗を原料として買い入れるようになった。農民の甘蔗への進出に脅威を感じたオランダ資本のはたらきかけによって、一九二三年、植民地政府は特別の許可がないかぎり製糖工場の甘蔗の買付を全面的に禁止した。これにより農民の輸出糖業への進出は阻止されたが、二九年の大恐慌の波及によって、オランダ資本の近代的製糖業は大打撃を受けたが、農民の甘蔗生産の減少ははるかに少なく、一九三〇年代末には二九年の水準を越える。(45)

大陸部東南アジアの主要輸出品である米の生産は、すでに最初から小農民によって担われ、流通は華僑、印僑が握っていた。

その国の資本主義化の初期段階において、資本主義経済に対応できる自立的農民経営が形成されることは、その後の資本主義の発展の成否にかかわる重要な条件である。(46)中国、日本、朝鮮、台湾の東北アジアに比べると、この点で東南アジアはかなり遅れていたが、二〇世紀前半のこの時期にその条件が形成されてきたのである。

4　日本の工業化とその特徴

日本から東南アジアに輸出された商品の中心は綿織物であり、そのほかレーヨン製品、羽二重、メリヤス肌着などの繊維類、マッチ、ガラス、洋傘、陶磁器、自転車などの雑貨類、それにブリキ板などの鉄鋼製品、電機などの機械類などである。これら商品は消費財が中心であり、中小工業の製品が多かった。これら消費財の購入者は農民、商人、都市民などで、社会の中・下層の人々であった。ヨーロッパ製の消費財は高価であり、現地住民の生活慣習にも合わないものが多かった。

当時の東南アジアのヨーロッパ人人口は全人口の一％以下であり、現地人や華僑、印僑との間の所得格差はきわめて大きかった。たとえば一九三〇年のインドネシアでは一人当たり所得は、インドネシア人六三ギルダー、その他のアジア人（中国人が中心）三七三ギルダーに対して、ヨーロッパ人はインドネシア人との混血を含めて全人口の〇・四〇％で、一人当たり平均所得は三七二〇ギルダー、インドネシア人との間の所得格差は六〇倍にも及ぶ[47]。ヨーロッパ人は現地人とまったく異なるヨーロッパ的生活慣習を維持した。

日本はヨーロッパに比べ、所得水準、生活様式・生活慣習が東南アジアの現地住民に近かった。日本の工業化もヨーロッパの技術、生産方法を直輸入的に導入したものではなく、欧米の技術を在来の技術と結合させ、日本的に改良し、日本やアジアの所得水準、生活様式・生活慣習に合った、そして安価な商品を開発することによって発展したのである。とくに中小工業はそうであった。中小工業は在来産業が発展したもののようにみられることも多いが、在来産業がそのまま発展したものではなく、とくにこの時期には、新しい技術、新素材（各種圧延鋼材、ソーダ灰、硫酸、染料など――これらは一九世紀末、二〇世紀初めの第二次産業革命の産物である）、新しい動力（電力）を使った新製品を日本やアジアに適合的な形態で生産したのである[48]。さきに述べたような東南アジアにおける経済の構造変化による現地人の経済的台頭は、このような日本製の消費財に対する需要を増大させた。

二〇世紀、とくに第一次世界大戦以後の急激な日本製品の流入は、日本とヨーロッパ資本、本国政府、植民地政府との間の経済摩擦を引き起こした。とくに一九二九年の大恐慌後の一九三〇年代には、一次産品輸出が激減し、それにともないヨーロッパ製品の輸入も激減し、安価な日本製品がヨーロッパ製品に代替する過程が進んだ。このころ日本の工業生産は一段階高度化しつつあり、日本製消費財も高度化（世界的に見れば中級品化）が進んでおり、ヨーロッパ製の中・下級品に代替可能であったのである。その条件の一つは、中国の工業化が開始されたことである。中国の工業化の中心である綿工業は国内自給を達成し、また、日本から技術を導入した新興の中小工業が、新しい雑貨類の生産を始めたのである。そのために日本の綿工業は中国向け輸出を綿糸から綿布へ、さらに高級綿布へ転換し、中級・下級綿布は東南アジア、インド向けに切り替えた。綿布生産でも中小工業の生産が半分ないしそれ以上を占めていたが、雑貨類はほとんど中小工業の生産であった。中国における雑貨類の生産の発展によって、中国市場から駆逐された日本の雑貨類が東南アジアに販路を求めたのである(49)。中国の工業化は日本との競合関係を生み出したが、それは同時に、日本の工業の高度化を促進し、日中両国の工業の補完関係をつくり出す側面もあった。日中両国の工業化はいわゆる雁行的発展の端緒をつくり出していたのである。そのことを世界市場の解体、ブロック経済化という環境のなかで理解することは困難であり、日本は対立的側面を中心に捉え、政治的・軍事的圧力を加えて中国資本主義の発展を抑え込もうとした。中小零細企業はその路線を積極的に支持した。中国側も日本帝国主義に対する抵抗の道をとらざるをえなかった。

日本製品輸入の増加にともないその流通機構も整備されていった。たとえばジャワでは、日本人移民は一九世紀末から増加していくが、その大部分は小売商人であり農村部にも進出し、安価な日本商品を扱いオランダ商品や華僑の扱う商品には手が出ない大衆にも人気があったという(50)。第一次世界大戦以後になると、商社、銀行、海運などの大企業も進出し、一九三二・三三年頃までには組織的な日本商品の販売ネットワークができあがった。

それは、「一つの日本の鎖が、横浜から土人の部落に至るまで走っている」(日蘭会商のオランダ側代表の一人ファン＝ヘルデレン)といわれるほど強い競争力を発揮した。(51)

5　日本の対応

急激な日本製品輸入の増加は、日本と東南アジアおよび本国との間に経済摩擦を引き起こした。しかしそれが直ちに日本商品を閉め出すことにはならなかった。たとえば一九三三年、イギリス海峡植民地総督が貿易に関する調査委員会を設置したとき、シンガポール商業会議所をはじめ商人層の多くは日本商品の輸入制限に反対であった。シンガポールが東南アジアにおける輸入商品の集散地としての地位を維持するために需要の大きい商品の制限をすべきではない、安価な日本商品の流入は一次産品価格の低落によって貨幣所得が激減したアジア人にとって大きな利益である、ランカシアはすでに競争力を失っており割当制度を実施してもシェアを回復することはない、などの理由である。一九三四年にシンガポールからアメリカ向けの生ゴム輸送に日本船が進出し、翌三五年末には五〇％のシェアを奪うまでに急成長し、イギリス、アメリカ船側が割当制を提起したときには、植民地当局の意見は、日本は優れた商業組織によって商業効率の増大とコスト低減を実現しているのであるという意見であった。(52)すでにブロック経済化の動きは始まっており、東南アジアでも日本商品に対する輸入制限も行われ始めてはいたが、一九三〇年代前半までは日本からの輸入は増加していた(表2・9)。仏印、フィリピン以外の植民地当局および本国政府は日本側との交渉によって、植民地支配を維持できる範囲で妥協をはかろうとするものであった。

それに対して、日本側の態度は自由貿易の原則を主張する強硬なものであり、妥協を困難にし、しばしば逆の

表2・9 インドネシア輸入相手国別内訳（1900～1939年）　（単位：％）

年	輸入先国					
	オランダ	イギリス	ドイツ	アメリカ	日本	その他[1)]
1900	35.5	12.7	1.6	1.5	0.2	48.5
1915	28.8	20.5	1.1	3.9	3.4	42.3
1920	26.0	18.5	3.4	15.9	12.0	24.2
1929	19.3	10.6	10.5	11.8	10.4	37.4
1934	13.0	8.1	7.3	6.1	31.9	33.6
1939	20.8	7.0	8.6	13.3	17.8	32.5

（注）1）シンガポールおよびペナンからの輸入を含む。
（出所）Mededeelingen van het Centraal Kantoor voor de Statistiek 161, *Handelsstatistiek NEI, 1874–1937: Indisch Verslag* (1940), p. 339. アン＝ブース「日本の経済進出とオランダの対応」（杉山伸也・イアン＝ブラウン編著『戦間期東南アジアの経済摩擦』同文舘，1990年，所収）201ページより。

効果を生んだ。華僑との対立も不利な条件であった。元々農村にまで入って現地人に直接販売する日本のやり方は、華僑との対立を起こしやすかったが、日本の中国侵略が進むにつれて華僑の日本商品に対するボイコット運動が盛んになった。東南アジアの華僑はかなり国民党に組織されており[53]、とくに一九三七年、日中戦争が始まると、日本商品に対する輸入制限と結びついて、ボイコットは効果を上げた。さらに日本は日中戦争の泥沼化によって東南アジアへの武力進出方針に転換し、完全な孤立化の道を歩むことになる。

両大戦間期の東南アジアはアメリカの自動車をはじめとする新産業、日本の工業化の発展（それにまだそれほど大きくはないが中国の工業化）、華僑、印僑の流通ネットワーク形成、現地人の経済的成長が結合して、一九世紀的植民地経済が解体していき、東アジア・太平洋経済圏が形成され始めていた。日本の武力侵略はこれらの諸条件を分断・破壊してしまい、東アジア・太平洋経済圏の形成を阻止することになってしまったのである。ただし、この時期に形成された経済的条件は、戦後のこの地域の経済発展の基盤となった。その意味で、両大戦間期の経済構造の転換は現在のＡＳＥＡＮ諸国の工業化の歴史的前提条件の形成であるといえよう。

おわりに——いくつかの論点

すでに述べた個々の論点について、あらためてまとめることはしない。これまでに述べたことから導かれるいくつかの理論的な問題について、簡単に述べて今後の課題としたい。

第一。日本資本主義の歴史的評価について。第二節で見たように、両大戦間期に日本帝国圏（日本、朝鮮、台湾、それに一九三〇年代から満州）は急激な経済発展を遂げている。当時すでに第一次世界大戦以前の自由貿易体制は崩壊し、帝国主義列強間の対立が強まり、とくに一九二九年恐慌以後ブロック経済化が進む。このような状況のなかで、日本帝国圏の急速な経済発展は欧米列強にとって脅威であった。国際連盟はこのような状況のもとで、世界の保護主義的傾向に対処するために、「相対的に後進的な状態にあった地域が工業化することによって、それが工業的にはもっと発達している諸国の外国貿易に、どのような影響を与えるのか」という問題を調査・研究した。「相対的に後進的な状態にあった地域が工業化する」とは主として日本を指しており、その結論は、日本の驚異的な工業発展は、世界の多角的貿易網に適合せず、それを攪乱するものであり、結局は行き詰まるであろうとした[54]。日本では名和統一氏の日本貿易の三関節論がほぼ同じ考えに立っていた[55]。このような考え方は、戦後も基本的に受け継がれ、日本帝国主義の没落と日本の敗戦を経済的に説明する理論となった。

たしかにその面はあるが、ここではその理論は無自覚的に一九世紀的な世界貿易体制を前提にしており、そのためにこの時期の重要な歴史的変化を見逃してしまったことを指摘しなければならない[56]。両大戦間期には一九世紀的・多角的貿易網は崩壊過程にあり、日本帝国主義の経済的発展はその重要な要因であったのである。同時に、この時期には二〇世紀資本主義の諸要素が形成されつつあり、日本帝国主義の経済的発展も一面においてその要素の一つであったのである。日本帝国主義は、一九世紀的・帝国主義的資本主義が解体し、二〇世紀資本主義が形成されてきた両大戦間期において、なお軍事力を背景に領土的支配を拡大するという遅れた一九世紀的な帝国主義政策を追求するという側面と、急速に生産力を発展させる新興の二〇世紀的資本主義という側面との両面性を持っていた。そして前者を追求するためにも後者の側面を植民地を含めて発展させる必要があったのである。両大戦間期の日本資本主義はそうした自己矛盾的存在であった。

第二。日本資本主義と東アジア経済との関係。従来、戦前における日本資本主義と東アジアの関係は、支配と従属、搾取・収奪と窮乏・没落、それに対する抵抗という枠組みで考えられてきた。その面も無視することはできないが、日本資本主義の発展が東アジア経済を刺激し、その近代的発展を促した面もとらえる必要がある。東アジアは一九世紀半ばにヨーロッパの植民地あるいは従属国となった。その点では他のアジアやアフリカと同じであり、すでに独立していたラテンアメリカよりも国際的な政治的地位は低かった。しかし国際経済の面から見ると、他のアジア・アフリカ・ラテンアメリカと異なり、地域内貿易が対ヨーロッパ貿易以上に発展し、現地経済の発展、資本主義化が進んだ。その大きな条件は、日本の工業化であり、それが東アジア経済の発展を主導したのである。それが現在の東アジアの経済発展につながっている。もちろん、日本資本主義の発展が他の東アジア諸国・諸地域の経済発展を阻害した面もあることは否定できない。また、東アジアの経済発展と域内貿易の発展には、日本資本主義の形成・発展のほかに、インド、中国の資本主義化、東南アジアにおける小農経営の形成をはじめとする経済変化、華僑・印僑の流通ネットワーク、また域外の条件としてアメリカにおける二〇世紀的な新しい資本主義の発展などの条件があり、それらの諸条件が結びついて実現したのである。日本帝国圏の自立化の傾向を持つ急成長は、東アジアの経済発展の一部であるとともに、それとは対立する面をも持っていた。一九三〇年代前半までは、矛盾をはらみながらも決定的な対立には至らなかったが、三〇年代後半とくに日中戦争の開始以後、対立面が主要な側面となった。それとともに日本帝国圏の急成長の条件も失われていったのである。

第三。一九二〇―三〇年代の中国、朝鮮の工業化。この時期に中国、朝鮮（そして台湾）の工業化が急速に進んだ。それは一次産品輸出による国内市場の拡大が条件となって軽工業部門を中心に進んだ輸入代替工業化（第一次輸入代替）であり、またそれによって資本財、生産財の重化学工業製品の輸入が増加した点でも共通している。なお工業化のこのような特徴は日本とも共通する（日本のほうが時期的に約三〇年早い）。戦後のＮＩＥｓや、とくに最近のＡＳＥＡＮ諸国とは工業化のタイプが異なる。日本はこの時期に重化学工業を中心とする第二次輸入代替工業化が進むが、中国、韓国の第二次輸入代替工業化は戦後かなりたってからであり、第一次輸入代替から軽工業製品の輸出をへて、資本財・生産財の重化学工業製品の輸入が急増し、増大した資本財・生産財の国内市場を基盤にして、第二次輸入代替が進んだ日本と異なり、国内市場の成長が不十分な状態で国家の強力な主導によって行われた。

しかし、一九二〇―三〇年代の中国と朝鮮の工業化には大きな差異もある。中国はある程度の対外従属性はあったが独立国であり、自国資本が中心で、工業化によって経済的自立が強まる方向に発展していったが、朝鮮は植民地であり、日本資本が主導し本国である日本への経済的従属が強まる方向に発展した。また、中国は広大な土地と巨大な人口を有し、国内市場の統一は困難で遅れた。開港場、とくに上海、天津、青島などを中心とする地域と内陸部との地域間格差は極めて大きく、しかもその格差は拡大していった。この大きな地域間格差は、現在の中国の経済発展の特徴でもある。朝鮮の場合は日本資本の巨額の投資と植民地当局の開発主義政策、インフラストラクチャーの整備などによって、国内市場の統一と緊密化が急速に進んだ。しかし、中国の工業化も当時としてはかなり急速に進んでおり、両者の差異は発展段階の差異というよりは、類型的相違であるとするのが適当であろう。

第四。東アジア経済の転換点としての両大戦間期。①日本の工業化の第二段階、それは重化学工業部門の輸入代替であり、またその内容からすれば欧米において一九世紀末から始まっていた第二次産業革命であった。②中国、朝鮮（それに本章では触れられなかった台湾）の工業化（軽工業中心の第一次輸入代替）[57]、③東南アジアの経済構造の転換、この三者が関連しあって、東アジア経済圏が一九世紀後半期よりも一段階高度化し、相互関連性をより強め始めたのが両大戦間期であった。ただしこの動きは、全体としては二〇世紀資本主義に移行しつつあるアメリカ経済に主導されていた。また一方において、東アジアは欧米日帝国主義体制のもとに置かれていた。その意味でこの時期は東アジアにとっても過渡期であった。

註

（1）中村哲「二〇世紀資本主義から二一世紀資本主義へ」『新しい歴史学のために』二二八号、一九九七年一二月（本書第五章）参照。

（2）一九世紀資本主義は、イギリス産業革命を起点として、一九世紀中期に資本主義的世界市場が地球的規模で一応成立したことによって確立した。一応という意味は、一国的規模で資本主義が支配的になったのは、イギリスをはじめとする西ヨーロッパ諸国とアメリカだけであり、アジア、アフリカの広大な地域は欧米によって植民地あるいは従属国として政治的に支配され、経済的には流通・貿易を通じて、従属的に欧米に結びつけられたことを指している。資本主義は経済的には、世界の広大な地域を流通を通じて支配しているにすぎない、二〇世紀資本主義のように資本主義的生産を地球的規模で組織する力はまだなかった、そのような段階の資本主義であった。そのために非欧米地域を植民地・半植民地として、あるいは不平等条約を強制して、従属国として政治的に支配することによって、経済力を補う必要があったのである。

これまでレーニン『帝国主義論』などによって、一九世紀末以後を資本主義の帝国主義段階としてきたが、それは当時の世界認識として資本主義は最高の発展段階に達し、その矛盾の発展が世界史の新しい段階である社会主義を生み出すという考えにもとづいていた。たしかに当時、二〇世紀の初期、資本主義は危機的状況に陥りつつあったが、資本主義はその危機を克服し、第二次大戦後さらに高度な発展を遂げた。そして二〇世紀資本主義は領土的支配を必要としなくなった。したがって『帝国主義論』的世界認識は不適切であり、帝国という言葉が持つ本来の意味からも、一九世紀の一応世界的に支配的な体制になったが、まだ未発達で領土的支配を必要とする資本主義を帝国主義的資本主義とするのが適当であろう。なお、世界資本主義の時期区分については、さしあたり、中村、前掲論文（本書第五章）参照。

(3) 安秉直「韓国における経済発展と近代史研究」一九九五年八月、北京シンポジウム「東アジア経済の近代化」提出論文（中村哲・羅栄渠・安秉直編著『論東亜経済的現代化』（中国語）中国・東方出版社、一九九八年、に収録）二ページ。
(4) 堀和生「両大戦間期の東アジア地域社会」（宮嶋博史編著『アジアから考える6　長期社会変動』東京大学出版会、一九九四年、所収）二八四ページ。
(5) 堀和生『朝鮮工業化の史的分析』有斐閣、一九九五年、二五—二六ページ。
(6) 宮崎犀一・奥村茂次・森田桐郎編『近代国際経済要覧』東京大学出版会、一九八一年、一一ページ。
(7) 安秉直・金洛年「韓国経済成長の長期趨勢（一九一〇—現在）——経済成長の歴史的背景を中心に」一九九五年八月、北京シンポジウム提出論文、表5（中村・羅・安、前掲編著、所収）。
(8) 許粹烈「日本帝国主義下朝鮮人工場の動態——一九三〇年代『朝鮮工場名簿』の分析を中心に」（中村哲・安秉直

編『近代朝鮮工業化の研究』日本評論社、一九九三年、所収)。
(9) 同前、一三三―一四〇ページ。
(10) 堀、前掲書、第二章、参照。
(11) 工業部門全体では食料品工業が首位であったが、近代工業の発展とともにその比重は低下していった。そして一九四〇年には首位は化学工業で二八・四%、第二位繊維工業二一・八%となり、食料品工業は一四・二%に低下する。なお、植民地期朝鮮の工業の全般的状況については、河合和男・尹明憲『植民地期の朝鮮工業』未来社、一九九一年、参照。
(12) 土地調査事業についての最も優れた研究は、宮嶋博史『朝鮮土地調査事業史の研究』東京大学東洋文化研究所、一九九一年、である。なお、日本の植民地における経済政策は、明治維新後、日本本土で成功した経済政策を植民地の条件に合わせて修正して導入したものが多い。土地調査事業は地租改正を原型としている。従来、土地調査事業は朝鮮人地主・農民からの土地収奪であるとする評価が強かったが、最近の実証研究で日本人・朝鮮人に近代的土地所有権を法認するものであることが確認されている。
(13) 水利事業については、宮嶋博史・松本武祝・李榮薰・張矢遠『近代朝鮮水利組合の研究』日本評論社、一九九二年、松本武祝『植民地期朝鮮の水利組合事業』未来社、一九九一年、参照。
(14) 安、前掲論文、三ページ。
(15) 金洛年『日本の植民地投資と朝鮮経済の展開』東京大学経済学研究科博士学位請求論文、一九九二年、参照。
(16) 堀、前掲書、堀和生「日本帝国主義の朝鮮における農業政策――一九二〇年代植民地地主制の形成」『日本史研究』一七一号、一九七六年一一月、中村哲『近代世界史像の再構成――東アジアの視点から』青木書店、一九九一年、第四章「資本主義への移行の諸形態」、第五章「近代東アジアにおける地主制の性格と類型」、第六章「近代世界における農業経営、土地所有と土地改革」、参照。
(17) 宮嶋・松本・李・張、前掲書、参照。

(18) 朴ソプ『一九三〇年代朝鮮における農業と農村社会』未来社、一九九五年、参照。
(19) この点については、久保亨「戦間期中国経済史の研究視角をめぐって——「半植民地半封建」概念の再検討」『歴史学研究』五〇六号、一九八二年七月、奥村哲「旧中国資本主義論の基礎概念について」(中国史研究会編『中国専制国家と社会統合——中国史像の再構成2』文理閣、一九九〇年、所収)、笹川裕史「中国国民政府研究」(野沢豊編『日本の中華民国史研究』汲古書院、一九九五年、所収)参照。
(20) 中国前近代社会の性格に関しては、中国における研究では、秦漢以後、アヘン戦争まで二〇〇〇年以上にわたって基本的には封建社会であるとする説が、現在なお通説である。しかし、これも毛沢東理論によるイデオロギー的制約によるところが大きい。中国における中国前近代史の理論状況については、武漢大学中国三至九世紀研究所編『中国前近代史理論国際学術検討会論文集』(中国語)湖北人民出版社、一九九七年、参照。
中国前近代社会は封建制(厳密には封建的農奴制)ではなく、それとは類型を異にする国家的農奴制である。この点については、中村哲『奴隷制・農奴制の理論』東京大学出版会、一九七七年、足立啓二「中国前近代史研究と封建制」(中国史研究会編『中国史像の再構成——国家と農民』文理閣、一九八三年、所収)、同「中国封建制論の批判的検討」『歴史評論』四六四号、一九八三年八月、参照。中国前近代社会において地主制は国家的農奴制のもとにおける副次的生産関係である。この点は中村哲「中国前近代史理論の再構成・序説」(同編著『東アジア専制国家と社会・経済——比較史の視点から』青木書店、一九九三年、所収)参照。また地主制(厳密には中間的地主制)の性格については、中村、前掲書、第五章「近代東アジアにおける地主制の性格と類型」、参照。
(21) 南京国民政府の性格については、西村茂雄『中国ナショナリズムと民主主義——二〇世紀中国政治史の新たな視界』研文出版、一九九一年、久保亨「世界史における民国時代」(野沢、前掲編書、所収)、同「国民政府の政治体制と経済政策」(池田誠・上原一慶・安井三吉編著『中国近代化の歴史と展望』法律文化社、一九九六年、所収)参照。
(22) 奥村哲「抗日戦争と中国社会主義」『歴史学研究』六五一号、一九九三年一〇月、参照。
(23)—(25) 黒田明伸『中華帝国の構造と世界経済』名古屋大学出版会、一九九四年、参照。

(26) 久保亨『中国経済一〇〇年のあゆみ――統計資料で見る中国近現代史』第二版、創研出版、一九九五年、四八ページ。

(27) 西嶋定生『中国経済史研究』東京大学出版会、一九六六年、第三部「商品生産の展開とその構造――中国初期棉業史の研究」参照。

(28) 中村哲『明治維新の基礎構造――日本資本主義形成の起点』未来社、一九六八年、第五章「世界資本主義と日本綿業の変革」参照。

(29) 改良土布については、林原文子「宋則久と天津の国貨提唱運動」(京都大学人文科学研究所『五四運動の研究』第二函、同朋舎、一九八三年、所収)、同「愛国布の誕生について」神戸大学『史学年報』創刊号、一九八六年、参照。

(30) 森時彦氏の推計では、一九三四・三五年において中国の綿糸消費量の二四・二%が土糸(手紡糸)であり、綿布消費量の二四・二%が土糸を使った旧土布、二五・二%が機械製綿糸を使った新土布、一一・九%が改良土布であり、国産の機械製綿布は二九・四%とまだ三割程度である。なお、輸入綿布は一・八%を占めるにすぎなくなっている(残りはメリヤス)(森時彦「中国近代における機械制綿糸の普及過程」『東方学報』京都第六一冊、一九八九年三月)。なお、おおざっぱに見て生産形態は、機械製綿布は工場制、改良土布は資本主義的家内工業、新土布は単純小商品生産と資本主義的家内工業、旧土布は自給的農家家内工業である。

(31) 久保亨「南京政府の関税政策とその歴史的意義」『土地制度史学』八六号、一九八〇年一月、久保氏にはほかにこの問題に関する一連の研究がある。なお、久保氏の国民政府の経済政策に関する研究は、『戦間期中国〈自立への模索〉――関税通貨政策と経済発展』東京大学出版会、一九九九年、としてまとめられた。

(32) 久保亨「国民政府の財政と関税収入――一九二八―一九三七年」(増淵龍夫先生退官記念論集刊行会編『中国史における社会と民衆』汲古書院、一九八三年、所収)参照。

(33) 幣制改革については、野沢豊編『中国の幣制改革と国際関係』東京大学出版会、一九八五年、参照。

(34) 在華紡については、高村直助『近代日本綿業と中国』東京大学出版会、一九八二年、参照。

(35)　イギリス系を中心とするヨーロッパ系銀行の東アジアの貿易金融への進出については、さしあたり石井寛治「イギリス植民地銀行群の再編——一八七〇・八〇年代の日本・中国を中心に(1)(2)」東京大学『経済学論集』四五巻一号・三号、一九七九年四月・一〇月、参照。

(36)　中村哲『世界資本主義と明治維新』青木書店、一九七八年、六章「世界資本主義と開港」、石井寛治『情報・通信の社会史——近代日本の情報化と市場化』有斐閣、一九九四年、一、二章、参照。

(37)　以下の東南アジアの貿易については、加納啓良「国際貿易から見た二〇世紀の東南アジア植民地経済——アジア太平洋市場への包摂」『歴史評論』五三九号、一九九五年三月、に主として負っている。

(38)　この点については、杉原薫氏の優れた研究『アジア間貿易の形成と構造』ミネルヴァ書房、一九九六年、参照。

(39)　この点についても、浜下武志、川勝平太氏らを中心とする研究が進んでいる。さしあたり、浜下武志『近代中国の国際的契機——朝貢貿易システムと近代アジア』東京大学出版会、一九九〇年、浜下武志・川勝平太編著『アジア交易圏と日本工業化——一五〇〇—一九〇〇』リブロポート、一九九一年、浜下武志『朝貢システムと近代アジア』岩波書店、一九九七年、川勝平太『文明の海洋史観』中央公論社、一九九七年、参照。

(40)　倉沢愛子『日本占領下のジャワ農村の変容』草思社、一九九二年、七〇ページ。

(41)　加納啓良「アジア域内交易と東南アジア植民地支配」（浜下・川勝、前掲編著、所収）六四ページ。

(42)　袁彩菱「マラヤにおける日本のゴム・鉄鉱投資」（杉山伸也・イアン＝ブラウン編著『戦間期東南アジアの経済摩擦——日本の南進とアジア・欧米』同文舘、一九九〇年、所収）参照。

(43)　アン＝ブース「日本の経済的進出とオランダの対応——植民地インドネシアの経済政策」（杉山・イアン＝ブラウン、前掲編著、所収）二〇一ページ。

(44)　同前、二二九ページ。

(45)　加納啓良「ジャワのヨーマンリー？——農民甘蔗作発展史序説」（秋元・広田・藤井編著『市場と地域——歴史の視点から』日本評論社、一九九三年、所収）参照。

(46) この点については、中村哲「東アジア資本主義論・序説」(同編著『東アジア資本主義の形成——比較史の視点から』青木書店、一九九四年、所収——本書第四章)参照。
(47) アンガス＝マディソン『二〇世紀の世界経済』東洋経済新報社、一九九〇年、七三ページ。
(48) 中村哲「日本の資本主義化と中小工業——日本資本主義形成の一特質」(後藤靖編著『近代日本社会と思想』吉川弘文館、一九九二年、所収——本書第三章)参照。
(49) さしあたり、黄完晟『日本都市中小工業史』臨川書店、一九九二年、四、五章、参照。
(50) 倉沢、前掲書、七〇ページ。
(51) 杉山伸也「日本の綿製品輸出と貿易摩擦」(杉山・イアン＝ブラウン、前掲編著、所収)九九ページ。
(52) イアン＝ブラウン「日本の経済進出とシンガポールのイギリス資本」(杉山・イアン＝ブラウン、前掲編著、所収)、参照。
(53) 菊池一隆「国民政府と世界の華僑」(池田・上原・安井、前掲編著、所収)参照。
(54) Folke Hilgerdt, *Industrialization and Foreign Trade*, League of Nations, 1940.(F・ヒルガート著、山口和男ほか訳『工業化の世界史——一八七〇—一九四〇年までの世界経済の動態』ミネルヴァ書房、一九七九年)、Folke Hilgerdt, *The Network of World Trade*, League of Nations, 1942, 参照。
(55) 名和統一『日本紡績業と原棉問題研究』大阪商大研究叢書、一九三七年、参照。
(56) この点は、堀、前掲書、序章「課題と方法」参照。
(57) 朝鮮は植民地であるために、実証的には統計上日本に含まれて処理されていることが多く、理論的にはその工業化は独立国の工業化とはまったく異質なものであると見られてきたために、中国と並ぶ東アジア地域の工業化の第二グループであることが、見落とされてきた(この点は台湾も同様である)。また中国の工業化は従来、過小評価されてきたうえ、日本帝国主義との対立という民族主義的な観点からとらえる傾向が強かったために、日本資本主義との相互依存・補完関係がほとんどとらえられてこなかった。

第三章　日本の資本主義化と中小工業
——日本資本主義形成の一特質——

はじめに

従来、日本の資本主義的工業化の研究において、中心的地位を占めたのは大工業（大企業）であったと言ってよい。それは、日本の資本主義化は国家の主導による上からの資本主義化であり、その担い手は国家資本（軍工廠や官営製鉄所など）と財閥を中心とする大企業であるとされてきたからである。一方、膨大に存在する中小工業については、日本資本主義の後進性を示すものと考えられ、相対的過剰人口を基盤とする低所得・低賃金労働、低技術、中小工業に対する商業資本の支配、などの特徴づけが行われてきた。また、中小工業は個々の経営規模が小さく、部門、業種が複雑多岐にわたり、地域性も大きいために、実証研究はその個々の部門、業種、地域についての個別研究となり、そうした実証研究をふまえ、それを総合して中小工業の全体像を構成することは困難である。そのために日本資本主義における中小工業の位置づけは、個々の実証研究から遊離しがちであった。

こうした研究動向は近年大きく変わってきている。その理由としてはつぎのような事情が考えられる。

第一には、日本は一九五〇年代後半から七三年にいたる高度経済成長の過程で先進資本主義化し、さらに一九八〇年代後半には、先進資本主義国のなかでも製造業の国際競争力が最も強くなった。その重要な条件として技術水準のかなり高い中小工業の分厚い存在、巨大企業と中小企業の系列や下請関係の存在があることが明確になったことがあげられる。

第二には、戦後、アジア、アフリカ、ラテンアメリカ諸国が工業化政策を推進しながら、今日においても、ともかくも工業化に成功したのはＮＩＥｓと言われる比較的少数の国にすぎないという世界の状況である。そして、これら諸国、とくにＮＩＥｓ以外の低開発国（いわゆる発展途上国）では、膨大なインフォーマル・セクターが形成され、他方において多国籍企業、国営企業を含む大企業が存在しながら、両者の中間の中小工業の層が薄く、そのことが工業化の困難な基本的条件の一つと考えられるようになっているのである。

第三には、近年、中小工業の実証的研究が著しく進んできたことである。しかも実証水準が高くなってきたことと共に、それらの研究のなかから第一、第二の条件に刺激をうけて、従来の研究の枠組みとは異なる視角からの研究が出てきている。技術史の分野はその代表的事例である(1)。

第四には、そうした動向をふまえて、中小工業、あるいは在来産業の発達を再評価しようとする研究が現われはじめたことであり、中村隆英氏の研究(2)をその代表とすることができよう。

第一節　日本の工業生産における中小工業の比重

――国際比較――

日本における中小工業が工業全体に占める比重を国際的に比較してみよう。とりあえず手元にあるデータによるものなので、たいへん不十分であるが。

まず先進資本主義国。一九八〇年（アメリカは一九七七年）の日本、アメリカ、西ドイツの製造業の規模別構成をみると、労働者一〇〇人未満の工場は、日本の場合、工場数の九八・〇％、労働者数の五八・〇％を占めるが、アメリカではそれぞれ八七・七％、二五・四％であり、西ドイツではさらに低く七二・六％、一八・七％にすぎない。逆に一〇〇〇人以上の工場は、日本では工場数の〇・一％、労働者数の一三・四％を占めるにすぎないが、アメリカではそれぞれ〇・六％、二七・五％であり、西ドイツでは二・二％、三八・〇％である。(3)日本は五―九九人の中小工場の比重がアメリカ、西ドイツにくらべきわ立って大きいことは明らかである。

つぎに、戦後、とくに一九六〇年代以後、急速な工業発展をとげて資本主義化（中進資本主義化）したいわゆるＮＩＥｓ諸国と比較してみよう。東アジアＮＩＥｓの代表である韓国、台湾は、一九七〇―八〇年代において五―九九人の工場の労働者の比重は韓国二五―三七％、台湾三四―三六％であり、ラテンアメリカＮＩＥｓについてみれば、ブラジル二九―四二％、メキシコ三三―三四％、アルゼンチン四二％という数値であり、いずれの国もアメリカ、西ドイツよりは大きいが、日本とくらべれば相当小さいのである。

以上は労働者五人以上の製造業に関する数値であるが、五人未満の零細工場を含めた場合はどうか。五―九九人の中小工場はその労働力が圧倒的に賃労働者であり資本主義的経営であるが、五人未満の零細工場は家族労働力が中心になり、(4)資本主義的経営ではなく小資本家経営と小営業である。また現代のＮＩＥｓや低開発国（発展途上国）におけるいわゆるインフォーマル・セクターの工業部門をなしている。(5)

資料の関係でラテンアメリカしかわからないが、ラテンアメリカ諸国を工業化の程度によって三つのグループに分けると、一九六〇年に第一グループのＮＩＥｓ諸国において、五人未満の零細工場の労働力が製造業全体の労働力に占める割合は、ブラジル四三・九%、メキシコ三五・七%、アルゼンチン四二・〇%、平均四一・三%であり、第二グループの平均は五四・二%、工業化が最も遅れている第三グループの平均は七四・八%である。これに対して日本は同年に七・六%にすぎない。日本はすでに一九三八年には二八・五%に低下しており、六〇年のラテンアメリカNIEsよりもかなり低く、八七年の韓国の三一・〇%にくらべても若干低くなっている。他方、一〇〇人以上の比較的大規模な工場は第一グループ平均三五・二%、第二グループ平均二三・二%、第三グループ平均八・八%であり、工業化の進展度に応じて急激に高くなっている。日本はすでに一九三八年に四〇・五%で六〇年のラテンアメリカNIEsより高くなっているが、その差はそれほど大きいものではなく、高度経済成長期にやや高まるが、七〇年代以後にはやや低下し一九八六年に四一・六%であり、現在までだいたい同じ水準で推移している。最も興味があるのは五—九九人の中小工業の割合であり、ラテンアメリカでは第一グループ二三・五%、第二グループ二二・六%、第三グループ一六・四%であって、工業化の進展度に応じて多少高まるもののそれほど大きな差はない。日本はすでに一九三八年に三一・〇%で六〇年のラテンアメリカNIEsよりもかなり高くなっており、その後もその割合を高め四一年に三五・二%、五一年には四八・四%に達し、その後現在まで、だいたいその水準にある。ラテンアメリカの工業化の進展度の国別相違を時系列に置き直すことが可能であるとすれば（以上のような大・中小・零細各工場の比重についてはだいたい妥当するように思われる）、ラテンアメリカの工業化の進展の仕方は、当初、零細工場が圧倒的であった状態から出発し、工業化の過程で大工業が急速に発達したのに対して、中小工業の発達はきわめて緩慢であったといえよう(6)。

つぎに、戦前からの時系列データの得られる日本、朝鮮・韓国（戦前は朝鮮、戦後は北朝鮮を除く韓国）、台湾の東アジア三国の五人以上の工場についてみる。

　日本は一九〇九年に一〇〇人以上の工場の労働者は四四%を占め、朝鮮、台湾の一九四〇年前後に相当しており、一九二八年に五八%に達している。これを頂点としてその後はほぼ傾向的に比率を下げ、一九八六年には四五%に低下している。逆に、一九二八年以後は五—九九人の中小工業の比率がほぼ一貫して高まってきているのである。これに対して、朝鮮・韓国では一〇〇人以上の工場の労働者は、一九三一年の三七%から、一九七六年の七五%まで高まり、台湾も一九二九年の三三%から七一年の六六%まで高まってきている。NIEsのなかで

表3･1　製造業における規模別労働者数の比率

（単位：%）

国　名	年　次	100人以上	5～99人
日本	1909	44	56
	20	56	44
	28	58	42
	41	55	45
	55	44	56
	60	50	50
	65	49	51
	75	48	52
	81	45	55
	86	45	55
朝鮮・韓国	1931	37	63
	41	48	52
	67	51	49
	71	69	31
	76	75	25
	80	71	29
	83	66	34
	87	63	37
台湾	1929	33	67
	38	46	54
	66	60	40
	71	66	34
	76	64	36
アメリカ	1954	75	25
	77	75	25
西ドイツ	1980	81	19
ブラジル	1959	71	29
	70	58	42
メキシコ	1961	67	33
	70	66	34
アルゼンチン	1954	58	42
コロンビア	1960	54	46
	70	66	34
チリ	1957	58	42
	67	54	46
中米	1962	37	63
グアテマラ	1964	45	55
パラグアイ	1963	30	70

（注）日本：戦前は工場統計表，戦後は事業所統計調査報告。朝鮮・韓国・台湾：戦前は工場名簿，戦後は，韓国：鉱工業統計調査報告書，台湾：台閩地区工商業普査報告，ラテンアメリカ：細野昭雄『ラテンアメリカの経済』東京大学出版会，1983年，204ページ。

表 3·2　1960年ラテンアメリカの製造業における規模別労働者数の比率　（単位：％）

	100人以上	5～99人	5人未満
第1グループ			
アルゼンチン	33.6	24.4	42.0
ブラジル	34.2	21.9	43.9
メキシコ	38.6	25.7	35.7
平均	35.2	23.5	41.3
第2グループ			
チリ	31.1	22.7	46.2
コロンビア	18.2	15.5	66.3
ペルー	19.2	19.3	61.5
ウルグアイ	35.6	35.6	28.8
ベネズエラ	22.7	36.3	40.0
平均	23.2	22.6	54.2
第3グループ	8.8	16.4	74.8
総平均	29.5	22.6	47.9
日本 1938年	40.5	31.0	28.5
41	41.7	35.2	23.1
51	39.1	48.4	12.1
60	44.5	47.9	7.6
69	46.6	46.4	7.0
75	44.5	47.5	8.0
86	41.6	50.3	8.0

（注）1）ラテンアメリカ：ECLA, "Small-scale Industry in the Development of Latin America," *Economic Bulletin for Latin America,* May 1967（細野昭雄『ラテンアメリカの経済』東京大学出版会，1983年，202ページより）。日本：戦前は工場統計表，戦後は事業所統計調査報告。
2）日本の5人未満のうち，1938年は39年，41年は42年の数値による。

中小工業が多く、しかも中小工業の輸出が多くて国際競争力をもつ台湾とくらべてみても、日本は中小工業の比率が高い。なお、台湾では一九七〇年代前半から、韓国では七〇年代後半から、日本の一九三〇年代以後と同様に中小工業の比率が高まりはじめた点は興味ある事実である。韓国、台湾はほぼこの時点で中進資本主義国化したのであるが、中小工業の比率の低下から増大への転換点と一致しているのである。以上のような簡単な国際比較から日本の工業化の特徴を推測すると、つぎのようなことが言えよう。

㈠　日本の工業化の大きな特徴として、中小工業（五―九九人規模）の広範な形成と発展がある。(7) これは西ヨーロッパ、アメリカとの比較だけでなく、第二次大戦後に工業化したＮＩＥｓ諸国と比較しても言えることである。

㈡　一方において、五人未満の零細工業は一八七〇年代（産業革命の開始以前）においては、現代のラテンアメリカの最も工業化の遅れている諸国以上に圧倒的に多かったと考えられる。したがって、一八七〇年代以後の工業化過程において零細工業は絶対的には相当増加したであろうが、相対的にはかなり減少したものとみられる。

㈢　㈠㈡から、日本の工業化過程において零細工業から中小工業への発展がかなり大きな比重を占めていたと推測される。

㈣　他方において、大工業もすでに明治末（一九〇九年）には現代のＮＩＥｓ以上の比重をもっていたのであるから、大工業の形成・発展も急激であった（一八七〇年代には一〇〇人以上の工場の労働者の比率は極めて低かったことは間違いない）。それは工業化の初期（一九〇〇年代頃まで）には、国営企業、財閥系企業を頂点にして、民間資本の場合は商業資本の蓄積を基礎として、大工業が創設される場合が主流をなしたのではないかと思われる。その後は次第に中小工業から大工業に発展するコースが多くなっていくようである。

㈤　以上のようなことから、日本の工業化は㈣の国家資本、大商業資本による大工業の創設と㈢の零細工業から中小工業への発展という二つのコースの複合によるものであると推測されるのである。

第二節　中小工業の発達の諸条件

中小工業発達の条件は複雑であり、また、中小工業は極めて多様であって、それぞれの部門、業種、地域などによって、あるいは時期によっても条件の違いが大きいが、だいたいつぎのような条件が考えられる。

1　歴史的前提条件

日本経済は一八世紀末頃から初期資本主義的な発達をとげており、資本・技術の蓄積や市場の一定度の発達があった。農村にも商品経済が浸透し、農村工業が発達し、農村内部に商工業が形成・拡大していた(8)。

開港によって世界資本主義に組み入れられると、貿易を通じて欧米の工業製品が流入し、それと競合する在来産業は大きな打撃を受けた。そうした点は他のアジア諸国と共通していたが、初期資本主義的条件によって輸入品との競争に耐えることができ（もちろん、場合によっては在来産業が衰退したこともかなりあった）、技術改良などによって輸入品を駆逐する場合もあった。他方、輸出産業は貿易を通じて世界市場と結びつくことによって急激な発達の条件を与えられた。一八・一九世紀に蓄積された在来技術を基礎にして、開港以後導入された欧米の近代的技術を模倣・消化することがかなりの程度可能であり、在来技術と欧米技術の折衷・同化が行われ、日本の社会・経済状態に適合した技術がつくり出され、それが中小零細工業に広く導入された。綿工業におけるガラ紡やバッタン、木鉄混製小幅力織機、製糸業における改良座繰や器械製糸などをはじめ、ほとんど無数の事例をあげることができる。

明治維新による近代的統一国家の成立とその政策も重要であるが、ここでは省略する。ただ、重点的に育成がはかられた国家資本、財閥資本、大商業資本による移植大工業と異なり、大部分の中小零細工業は政府の直接的保護・育成の対象にはならなかった。

それよりも幕藩体制の廃棄による国内流通の円滑化、技術の改良・普及の制度的障害の除去といった制度改革による間接的影響が大きかった。また、地租改正、秩禄処分による領主制の解体と近代的土地改革によって農業に対する封建的制約がなくなるとともに、近代的・私的土地所有が成立し、土地担保金融が発達した。その結果、農業の生産力の上昇や商品経済化、地主制の発達が実現した。寄生地主制の搾取する高率現物小作料は、農業改良や土地購入の資本にもなったが、相当多くの部分が商工業、金融業に向けられた。日本の工業化の初期（明治期）の商工業の資金は、商工業利潤の蓄積、国家の財政資金とならんで地主や農民の資金であった。とくに中小零細工業の場合には、商工業利潤の蓄積と地主・農民の資金であった。(9)

2　欧米技術の導入とその模倣、在来技術への適用による在来技術の改良

欧米技術の導入の主体は幕末には幕府や藩、明治維新以後は政府や府県と政商資本（のちには財閥資本）をはじめとする民間大資本であった。それは欧米からの近代的産業の移植を中心に、外国技術者の招聘、留学生の派遣、機械・装置の輸入、科学・技術知識の導入などである。中小工業の発達にとって重要なことは、この近代的移植産業から技術を吸収し、それを模倣することによって在来産業の技術革新が実現したことである。初期の国営・公営の、あるいは民間資本による移植工業の経営は、それが当時の日本の社会・経済的状態に適合していなかったために失敗した場合が多いが、その場合にもその工場で働いて技術を習得した職工が新設の民間工場に雇われたり、独立して中小零細工場の経営者になることが広くみられた。習得した技術がその過程で日本の社会・経済状態に適合するように簡易化、小型化され、欧米技術よりも技術水準は低下するが安価な生産設備がつくり出され、習得も容易な技術につくりかえられていったのである。

たとえば、明治政府が建設した富岡製糸場（フランスから技術・設備を導入し、一八七二年操業）は経営的には失敗であったが、一八七四年頃からこの器械設備を模造し、小型化、簡易化した低廉な器械設備による小規模な器械製糸工場が建設され始める。富岡製糸場（三〇〇釜）の建設費は約二〇万円であるのに対して、一八七四

年に富岡製糸場をまねてつくられた松代の西条村製糸場（のちの六工社、五〇釜）の建設費は二九五〇円、一釜当たりの建設費は約一一分の一にすぎない。さらに諏訪製糸業の基礎を築いたとされる中山社（一八七五年、一〇〇釜）の建設費は一九〇〇円（一釜当たり一九円）であった。[10] ヨーロッパの器械製糸の設備をそのまま国産化することは当時の日本の技術水準では困難であり、経営的にも採算がとれなかった。しかしそれを模倣し簡易化する技術は相当広く存在していたのである。それは江戸時代に蓄積された手工業技術であり、[11] 簡易化するのに在来の座繰技術が使われている。[12] 簡易化、小型化し技術水準はヨーロッパより低いが、ともかく蒸気機関や水車で運転する器械製糸工場は一〇—三〇釜程度の規模なら中位の農民でも支出可能な程度の資金で建設できた。

この日本的に改造された製糸技術のもつ意義は中国の場合とくらべるとよくわかる。中国では一八九〇年代半ば頃から上海とその周辺で器械製糸が発達したが、それは一般に二〇〇—二五〇釜くらいのかなり大規模な工場であり、器械設備はヨーロッパから輸入し、フランス人、イタリア人の技師、教婦を雇った。[13] ヨーロッパ直輸入の技術、器械設備によるものであり、中国の社会・経済状態に適合する技術の改造は行われなかったし、器械製糸は一般化できず中国生糸生産の大部分は依然として座繰や手挽であった。そのために中国の生糸輸出の増加は緩慢であり、一九〇六年には日本に追い越されてしまうのである。都市雑貨工業の場合、黄完晟氏の研究によって輸入機械とそれを模倣した国産機械の価格を比較すると表3・3のとおりであり、だいたい国産機は輸入機の四分の一以下であり、安価な国産機の使用によって雑貨中小零細工業の成立・発展が可能になったのである。また、当時の欧米ではすでに遅れた技術であったが、日本の社会・経済状態には合っており、しかも技術的に日本の在来技術で製造可能な、今日でいう中間技術が導入される場合も多かった。織物におけるバッタン、ガラスにおける手動製ビン機等多くの事例がある。また貝ボタンのように移植工業でありながら、欧米からの技術導入は

表3·3　中小工業用機械の価格比較

区　分	価格 機械の種類	価格 国産機	価格 輸入機	備考（小営業のための最小限の必要資金）
メリヤス機械	靴下機	40～60円	約200円	小営業：300円
	肌衣機	200～400円	400～2500円	
紙製品機	段ボール製造機(手)	42円	300円	小営業：300～500円
	角切機	23円	70円	
硝　子	製ビン機	200～300円	5000～6000円	
石鹸機	家内工業	50～100円		小営業：300～500円
	機械工業	100～2500円		
ブラシ	各種機械	20～30円	150～180円	小営業：110円
釦	ボール盤	40～50円	450～650円	
	穿孔機	8～50円	45～180円	

（注）1）大阪市編『大阪の紙製品工業』，『大阪の硝子工業』，『大阪の石鹸工業』，『大阪のブラシ工業』，『大阪の釦工業』，また，メリヤス機械は『英国商業雑誌』，『日本実業新報』より。
2）黄完晟『日本都市中小工業史』臨川書店，1991年，序章表2による。

行われず、在来技術の応用・改良によって成立・発展した部門もある。[14]

3　相対的過剰人口の蓄積と豊富な低所得・低賃金労働力の形成

幕末開港以後の欧米工業製品流入のため、在来産業が破壊され衰退することによって、相対的過剰人口とそれを基盤とする低所得・低賃金労働力が形成されていった。この点はほかのアジア諸国と共通しており、欧米とは異なる。しかも日本はほかのアジア諸国と異なって開港以前に初期資本主義的発展をとげていたために、相対的過剰人口、低所得・低賃金労働力の形成は一層急速であったのである。また、国内における国家資本、民間大資本による移植大工業の成立・発展はそれを一層促進することになった。[15]

たとえば、富岡製糸場の女工は士族の娘が多くて当時としては待遇もよく比較的高給で、労働時間は午前七時から午後四時までの九時間、そのうち午前三〇分、昼食一時間の休憩があり実労働時間は七時間半であった。しかし、一八七〇年代後半以後の民間器械製糸工場においては、低賃金、長時間労働が一般化していき、一八八〇年代には一日一三―一五時間労働という苛酷なものとなり労働強度も高まった。この低賃金、長時間労働が日本の国際競争力（とくに生産力が日本より高いヨーロッパに対する）の重要な条件であった。中国とくらべても労働時間、労働強度を考慮すると、二〇世紀初め頃までは日本のほうが実質賃金は低かったと思われる。また原料の繭は品質ではヨーロッパより劣っていたが、はるかに安価であった。それは農民の低い所得水準に規定されていたのである。

しかし、たんに膨大な相対的過剰人口が蓄積され、低所得・低賃金労働力が豊富であっても、それが中小工業の発展と結びつくとはかぎらないことは、現代の低開発国を見ればよくわかることである。すなわち、現代の低開発国においては大都市を中心に膨大なインフォーマル・セクターが形成されているが、その内部では工業従事者の割合は高くない[16]。また、大都市のスラム人口をとってみると、一九八〇年にバンコックでは約二〇％、マニラでは約二五％であるのに対し、明治末の東京（人口約二〇〇万人）では最下層の「細民」は六・四万、そのうち「貧民部落」（スラム）に住む者は約三万人で人口の一・五％である。日本は一九世紀後半―二〇世紀初めの時期には、おそらく世界的にみて相対的過剰人口、低所得・低賃金労働力が最も急速・大量に形成された国であると思われるが、その労働力の多くが中小零細工業に吸収された点が大きな特徴であり、現代の低開発国とは非常に異なる点である[17]。

4　電化と内燃機関の発達

一九世紀末―二〇世紀初めは、欧米で電化が進む時期であり、それが日本の資本主義的工業化の時期にあたっていたので、日本の電化は欧米にくらべ工業化の早い時期に始まり、全国的普及も早かった。電力の供給を受ければ、従来の蒸気機関にくらべはるかに小規模な設備で簡単に安価な動力が得られ、それによって中小零細工業の機械化、工場化が進み、生産力も上昇した[18]。ただ、小型電動機の国産化はかなり遅れたし、電力供給地域はなお限られていた。むしろ中小零細工業の動力の導入、工場化は石油発動機、ガス発動機といった内燃機関によって開始された[19]。石油発動機、ガス発動機は、すでに蒸気機関の製作に習熟していた中小の機械工場で容易に模造することができたし、市場の面でも中小工業の需要のほかに漁船用発動機（焼玉機関）の需要の急増があった[20]。しかし、電化の普及とともに中小零細工業の動力の中心は電動機になっていく。また、都市中小零細工業、とくに雑貨工業で使用される機械は、一九二〇年頃まで手動機械が中心であったので動力化とは関係がなかった[21]。

5　移植大工業や輸入による新素材の供給

中小零細工業は在来産業と言われることが多く、伝統的な産業が旧来のまま存続したように思われがちであるが、実際には近代における中小零細工業は、開港以後欧米から製品や技術が入ってくることによって新たに形成されたものが多い。また、江戸時代から存続したものでも旧来のまま存続するのではなく、原料、技術、生産設備等は革新され、製品も相当改良され変化していることが多いのである。その場合、移植大工業や輸入によって供給される新素材の使用が大きな役割を果たしている。とくに、一九世紀末から二〇世紀初めの時期には、欧米における重化学工業の技術革新によって新素材や新しい中間製品、たとえば、ソーダ灰、硫酸、染料などの化学工業製品、各種圧延鋼材、機械部品などの鉄鋼製品が比較的安価に得られるようになった。それによって中小零細工業の製品が改善されたり、新製品の生産が可能になったのである。また、これら新素材、新中間製品を使って中小零細工業の新部門、たとえばマッチ工業、石鹸工業、ガラス器具工業、時計工業、自転車製造業、精密機械工業等が成立し発展することになった[22]。日本では、重化学工業の技術水準が欧米の先端部分より遅れていたために、移植大工業もこうした新素材、新中間製品を供給できない場合がかなりあった。その場合には、輸入に依存することによって新興の中小零細工業が成立したのである。

6 重層的生産・市場・消費構造の形成

欧米から遠く離れ、アジアのなかでも独自の生活文化をつくっていた日本においては、欧米直輸入の消費財や移植大工業の生産する消費財は、一般大衆の需要に適合しないことが多かった。また、価格の点からも、輸入品や移植大工業の生産する消費財は、低所得、低賃金の民衆には高価すぎることが多かった。そこで民衆の要求・需要に適合しており、品質は悪くても安価な中小零細工業の製品が消費財においては需要の大きな割合を占めていたのである。一方、中小零細工業の側からみると、小資本で低賃金、低所得労働力が豊富に存在するという条件のもとでは、外国から輸入する高価な生産設備は不向きであった。それを簡易化、小型化し、あるいは在来技術と折衷した、輸入機械より生産性は低く品質の悪い製品しか生産できないが、はるかに安価な国産機械（しばしば手動機械であった）や場合によると改良された道具を使用し、低賃金労働力を雇用したり、家族労働力をフルに動員するほうが有利であった。

したがってまた、こうした消費と生産のあり方によって、中小零細工業に対する広い市場が存在し、その市場は人口の増大、消費水準の向上、都市の発達、農村への商品経済の浸透とともに拡大していったのである。他方、中小零細工業は欧米の工業や移植大工業より低水準であっても、消費の質に見合うだけの製品を生産できる程度の生産設備を設ける資金や熟練度をもっていれば、比較的簡単に創業が可能であった。そこで、拡大する市場をめざして中小零細工業の新規参入が相次いだのであり、中小零細工業は急速に増大していったのである。またそのために、市場をめぐる競争は激しく、それが長時間労働、低賃金労働者——とくに女子や子供——の多用（徒弟という形をとることも多かった）、劣悪な労働環境などを生み出すと同時に、技術改良への激しい意欲をも生み出したのである。当時の中小零細工業の経営者（その多くは職工の出身であり、自らも工場現場で働いた）や熟練工、場合によっては問屋が、技術改良に情熱をもやし努力を傾けたことについては無数の事例がある。

　このような中小零細工業の形成・発展は単に消費財にとどまるものではない。当然のことながら、その消費財を生産する機械、道具、装置、容器などの生産財、さらにその生産財を生産する工作機械の生産分野にも及んでいる。

　綿織物を例にとってみよう。日本の衣服は一九二〇年頃までは圧倒的に和服であり、その生地は在来綿織物機業地において中小零細工業が生産しており、一方、大資本の紡績会社の兼営織布は洋服地であって、両者は別個の市場を形成していた。生産手段である織機も、両者はまったく異なり、兼営織布の広幅力織機は当初すべて輸入であり、最初の国産化は一九〇八年に豊田佐吉によって行われ、それを翌九年に三重紡績が採用した。一方、和服地（着尺）は小幅（広幅の約三分の一の幅）であり、一貫して織機は国産であった。江戸時代には高機、地機（いざり機）であったが、明治初期にバッタン、足踏織機が導入され、さらに一九〇〇年代以後は次第に木鉄混製の小幅力織機が使用されるようになった。

　小幅力機械は投杼距離が短いために動力は小さくフレームは強度を要せず、精度も高水準でなくてもよかった。そこでフレームは木製でよく、歯車、駆動軸などの重要部分だけを鉄製とし他はすべて木製であった。その製造は従来の機《はた》大工が多少の技術を習得すれば可能であった。また、鋳物工場、機械加工工場、織機用部品工場がそれぞれ独立して存在していたから、それらの製品を購入し木製フレームに取り付けて織機を組み立てることができ、中小零細工場で生産可能であった。一九〇九年に生産された力織機一万三一六七台、手機（高機、バッタン）一万九五〇五台のうち、労働者五人以上の工場で生産されたのは力織機五七一二台（四三％）であり、残りの力織機七四五五台と手機は五人未満の工場で生産されている。その後、在来綿織物業の力織機化の急速な進展によって、力織機生産は拡大し、工場規模も大きくなっていった。一九二〇年には力織機五万七二三九台のうち八五・四％は五人以上の工場で生産されている。価格の点では、輸入広幅力織機が一台三〇〇―四〇〇円であったのにくらべ、国産小幅力織機は白木綿用で一五―四〇円程度であり、地機二―三円、高機一〇―一五円であったから、在来機業地の中小零細業者でも十分購入可能であった。[23]

従来、日本の工業化の特徴として生産手段生産部門の発達が低位であり、その条件の一つとして後進資本主義国日本では資本蓄積が進まず、巨額な設備投資を要する生産手段生産部門の形成が困難であるとされることが多かった。[24]この見方はいろいろな点で誤りを含んでいるが、ここでの関連から言うと、第一に、生産手段生産部門を移植大工業に限定してしまっているが、実は生産手段生産部門にも膨大な中小零細工業が存在しているのであり、第二に素材生産部門（鉄鋼、化学原料、紡績など）は比較的大工業中心の部門が多いが、その加工部門、とくに機械工業は圧倒的に中小零細工業が多く、小資本で可能であり、労働集約的性格をもっているのである。

最近の機械工業史研究は、明治の早い時期から中小零細の機械工業が形成・発展し、それは中小零細工業をその市場としていたことを明らかにしている。一例をあげれば、鈴木淳氏は、炭坑用機械の生産は明治初年から行われており、「明治前・中期の炭坑用機械は、ごく初期と大蔵省官行期以後二〇年代末の製作所の拡張までの三池炭坑向けを除き、基本的に国内で製造された。すなわち国内炭坑業者の需要に国内機械工業が十分対応した」[25]

ことを明らかにしている。そしてこの炭坑用機械生産には、三池製作所のように、欧米の先端技術水準に迫る、輸入工作機械を使用する少数の大工場と、国産工作機械を使用し技術水準は低いが安価な実用的蒸気機関を生産する圧倒的多数の中小零細工場の二つの流れがあり、後者は幕藩営、官営、外資工場や高島炭坑などで技術を習得した職工や在来の鍛冶・鋳造技術をもった職工によって担われたのである。(26)

工作機械工業もほぼ同様ではないかと思われるが、明治期の中小零細工作機械工業の本格的研究はまだないようである。(27)一九一〇年代については、沢井実氏によって工作機械工業の重層的構造が明らかにされている。(28)また、機械工業は技術と市場の性格から各種機械を多角的に生産することが一般的であり、工作機械専門の中小零細経営はなく、機械生産の一部として行われていたようである。(29)

7　輸出工業化とアジア市場

一九世紀末から一九一〇年代にかけて、中小零細工業のかなりの部門が輸出工業化していった。この時期に輸出工業化した中小零細工業の多くは消費財部門であったが、その輸出先を見ると伝統的部門は主として欧米であり、移植新興部門は主として東アジア、インドであって（表3・4参照）、後者が量的に多く伸びも大きかった。東北アジアの中国、朝鮮では、日本と同様に欧米からの輸入消費財は一般民衆にとって高価であるとともにその性質が適合しない場合が多かったのに対して、日本の中小零細工業の製品は低価格であり、その性質も比較的適合していたからである。中国、朝鮮の市場調査を行い、その結果にもとづいて需要にあった製品をつくって輸出する場合も多かった。中小零細工業は中国、朝鮮への輸出が成功すると、ついで東南アジアやインドなどに販路をひろげていった。

表3·4　雑貨製品の輸出地域別分類（1910年）　(単位：％)

地　域	在来技術製品	移植技術製品
東アジア（中国・香港（1/2））		マッチ（59）　硝子（41）　洋傘（64）　石鹸（85）　ランプ（59）　時計（65）　メリヤス（8）　香水（30）
インドおよび東南アジア（香港（1/2））		マッチ（36）　硝子（51）　洋傘（32）　ランプ（20）　メリヤス（85）　石鹸（9）　香水（57）
欧　米（英・仏・独・米）	真田（94）　花筵（88）　扇子（58）　陶磁器（62）　漆器（56）　竹製品（79）	帽子（30）　ブラシ（87）　玩具（59）　ボタン（72）

（注）1）『大日本外国貿易年表』（1910年）より作成。
2）（　）内は各製品の輸出額に占めている各輸出地向けの割合。
3）インドおよび東南アジアはフィリピン，インドシナ半島，インドネシア，シンガポール，マレーシア，インド等である。
4）香港は貿易中継地なので，中国と東南アジアに2分の1ずつに分けて計算した。
5）黄完晟「産業革命期における中小工業製品の輸出――大阪の硝子製品を中心に」『社会経済史学』55巻6号，1990年3月，57ページより引用。

中国、朝鮮の場合には、欧米からの輸入消費財は、国内の在来産業とは別の市場であるか、少なくとも全面的な競合関係はなかったのに対して（この点は日本もほぼ共通している）、日本からの輸入消費財の場合には、中小零細工業の製品が多く競争関係が全面化し、その結果、在来産業が衰退することも多かった。日本の中小零細工業が東アジアにおける先発性の利益を生かしたのに対して、中国、朝鮮、東南アジアは日本の中小零細工業の発展とその輸出によって日本より一層不利な立場に立たされたのである。その反面、日本の中小零細工業が欧米技術を吸収してつくりあげた日本や東アジアに適合した技術を日本から導入し、在来技術を革新して日本からの輸入に対抗する可能性もあり、またそれが実現して中小零細工業が発展する場合もあった。しかし前者のケースがより一般的であった。

雑貨の東アジア市場について見ると、だいたいにおいて欧米製品は上層ないし中層の消費者を対象とする市場をもっていたのに対し、日本は低価格品を供給することによって中層以下の消費者向けの新しい市場を開拓していったのである。したがって、日本製品と欧米製品とは消費階層を異にし直接的競争関係は少なかった。しかし、一九一〇年頃から中国などのアジア諸国でも移植中小零細工業が勃興し、日本製品と競争するようになった。中国などでは日本と同等かそれ以下の低賃金であり、日本製品は輸送費、関税などの費用がかかるうえに、日本の雑貨輸出は中国商人（華僑）、インド商人（印僑）が握っている場合が多かったから、同じ技術水準であれば日本製品が不利になっていった。この苦境を打開するためには、品質の向上をはかって欧米の中・上級製品の市場に参入するか、生産性を上げて現地雑貨工業に対し生産力的優位性を確保しなければならなかった。日本の中小零細雑貨工業の多くは技術改良、新しい機械の採用によって生産方法、生産形態を高める努力を行った。欧米製品との競争においては第一次大戦による欧米製品のアジア市場からの撤退という幸運にも恵まれた。また、中国などとの競争によって市場を失った場合には東南アジアやインドなどの新市場を開拓する場合も多かった。[30]つまり、雑貨工業などの都市中小零細工業はアジア市場における欧米製品や現地工業との競争関係を通じて、手動機を動力機に切りかえ中小工業化したり、工程間分業をより徹底して個別企業が各工程に専門化するなどによって生産力を高めあるいは品質を向上させて、一層の発展をとげることができたのである。

この条件は、さきにみた新素材、新中間製品の供給、電化と内燃機関の発展といった条件と結びついて、一九一〇年代以後、中小零細工業の新しい発展をもたらすことになった。

中小零細工業製品の輸出については、同業組合の役割について触れておく必要がある。一般に工業製品が世界市場に進出していくための技術的問題として、商品の斉一性、デザイン、堅牢度、荷づくりなどがあると言われるが、[31]中小零細工業の場合には、これらの問題を個別企業が解決することは極めて困難であった。そこでこれらの課題を担ったのは、中小工業の共同工場、問屋、同業組合であった。共同工場の事例としては、組合製糸の共同揚返し工場などがあり、問屋がこれらの機能を果たしたことは次節で述べる。

日本は江戸時代以来、同業組合組織が高度に発達した国であるが（現代の低開発国、中進国では中小零細工業の同業組合の発達は一般に非常に弱い）、明治維新に際し、政府によって株仲間は強制的に解散させられた。しかし、実際にはなんらかの形で存続した場合が多く、一八八四年に同業組合準則が制定されてからは各種同業組合が発達した。同業組合が輸出に大きな役割を果たすようになるのは、一般的には一八九七年の重要輸出品同業組合法制定以後である。(32) 同法に規定されている輸出における組合の重要な機能は検査であるが、実際には組合はそのほかにもいろいろな機能を果たしている。大阪のガラス中小工業の場合を例にとると、一九〇一年に硝子製造組合が粗製濫造防止を目的として、従来、製品に問屋の商標を付けていたのを製造業者の商標を付けることに決定した。これはガラスの場合には製造業者の規模が比較的大きいために可能になったことであり、製造業者の規模が小さい場合には商標は問屋か輸出商のものが用いられた。また、原料である硝石をチリから組合が共同購入することによって安価な原料を確保した。これに対して中国市場で競争関係にあった中国のガラス工業もチリから硝石を輸入したが、日本よりはるかに高価格であり、このことが日本のガラス製品の中国市場における競争力を強化した。また、一八九六年に同組合は政府から助成金を得て、先進国、中国、インド、東南アジアの市場視察・調査を行い、これがアジア市場への輸出増加の大きな契機となった。(33)

第三節　中小工業の存在形態の特徴

中小零細工業の存在形態は実に多様であって、その全体的な構造をまとめて示すことは容易なことではなく、不可能とも言える。しかし、日本資本主義の形成における中小零細工業の重要性を考えれば、それを日本資本主義の構造の一環として位置づける必要があり、そのためには中小零細工業の存在形態を概括的に把握することがどうしても必要である。本章でそれを行うことはとうてい不可能であるが、一九〇〇—一九一〇年代頃を中心にした時期の中小零細工業の存在形態についていくつかの特徴を概括して本章を終わることにしたい。なお、第二節で述べた中小零細工業の発達の諸条件もこれと密接に関連しているので、そこで述べた点はこの節では省略する。

1　地域的集中と地域内における社会的・工程間分業の高度の発達

移植型中小零細工業の場合は、次のような形で移植され、定着し、発展する場合が多い。欧米から移植された初期には、かなりの規模の工場形態をとっていたが、産業として定着するにつれて初期の工場で技術を習得した職工が独立して中小零細工業の経営者になり、やがてその中小零細業者の間で部品ごとに、あるいは加工工程間で社会的分業が高度に発達し、それら多様な中小零細業者が一定地域に集中するという発展過程を経るのである(34)。私が知るかぎりでも、ブラシ(35)、メリヤス(36)、石鹸(37)、マッチ(38)、洋傘(39)、琺瑯鉄器(40)、炭坑用機械(41)、時計(42)、内燃機関(43)、メリヤス機械(44)、ガラス(45)等の諸部門をあげることができる。このような中小零細工業の発達の仕方については、工場制あるいはマニュファクチュアから問屋制家内工業への逆転であるとする見方が多かったのであるが、そうではない。

第一に、初期工場の実態をみると、機械は部分的に導入されただけであり、工場内の全工程を有機的に関連させた体系をなしておらず、したがって各工程を単一の工場に統合する労働過程における必然性がない。

第二に、移植工業の初期には、関連産業が未発達であるために、部品などを内製しなければならない、技術をもつ職工が少ないために工場内で養成しなければならない等の条件によって、工場形態をとることが多かったのである。そこで移植工業が定着し、発展していくにともなって、こうした問題が解決していったので、工場形態をとる必要性がなくなったのである。

第三に、初期工場で使用した輸入機械が短期間に模造され、小型化、簡易化し、低価格で供給されるようになったために、初期工場で技術を習得した職工が独立して中小零細経営に乗り出すことが容易に行われたのである。

第四に、労働力の面では、家族労働力をフルに利用することによって家族の総収入を増やすことができたし、景気変動や季節性への対応力も中小零細経営のほうが大工場よりも当然大きかったのである。

第五に、さらに重要なことは、そのようにして中小零細経営が増加していくと、多数の中小零細経営が一定の地域に集中することである。そうすると、その地域内に、その工業部門における社会的分業が高度に発達することができるようになるのである。比較的せまい地域内に生産工程のごく一部に専門化した多種多様な中小零細業者が密集することによって、高い生産性を実現し、多様な製品を生産することができたのである。

実は、イギリスをはじめ西ヨーロッパでもいわゆる産業資本確立期（一九世紀二〇―六〇年代）には、工場全体に機械が体系的に導入されたのは素材工業を中心とする一部工業にすぎなかった。また、現在の低開発国や中進資本主義国の工業化において、先進国からの移植工業が孤立的で関連部門が育たず、部品を輸入に依存しなければならないとか、技術の移転や同化が困難であるというような問題が極めて大きいことをみれば、日本の移植工業部門の中小零細工業の発達は世界的にみて注目すべき事態なのである。

こうして、日本の移植工業の定着と発達には、国家資本、財閥資本などの大資本による大工業と並んで、中小

零細工業の発達が大きく、それが日本の資本主義化・工業化の特徴をなしているのである。(46)

2　商業資本の大きな役割

これまでは、意図的に省いてきたが、中小零細工業の成立・発展には商業資本が深く関係している。あるいは商業資本は中小零細工業の主要な担い手の一つであると言える。

従来、商業資本の中小零細工業に対する関係については、前貸し、買い占めなどによって中小零細工業を支配し、搾取する側面が強調され、その結果、中小零細工業の発展が阻止・歪曲されたとする評価が多かった。しかし、これは一面的な見方である。

さきに述べたように、日本の工業化過程における中小零細工業の発達は、中小零細企業の増大、個別企業における技術の改良・革新、各工程の個別企業への分割・専門化といった形をとったのであり、その過程で商業資本が大きな役割を果たしたのである。まず、一般的なこととしては、多数の中小零細製造業者が成立しえたのは原料の仕入れ、製品の販売を商業資本に依存することによって、流通費を節約することができ、少額の資本をすべて生産に投下できたという条件があった。固定資本である機械は小型、簡単な低価格なものであったから、その資本額は職工の数ヵ月分の賃金程度である場合が多かったのである。

中小零細工業における商業資本にはさまざまな形態があったが、発達した中小零細工業の場合には大別して二つの形態があった。一つは竹内常善氏が「製造問屋」と名づけたもので、(47)各種の部分工程に専門化した零細製造業者を組織して製品を生産させる「製造家」（業種によって「製造家」「製造問屋」「製造卸」「製造販売」「仲介業」「元請業」などさまざまな名称がある）である。この場合、「製造家」と部品加工業者との間には前貸関係がないことが多く、部品加工業者は特定の「製造家」とだけ取引するのではなく複数の取引先をもっている。「製造家」はいくつかの部分工程、とくに技術的に最も重要な工程や仕上工程を自らの作業場で行う場合も多い。逆にガラス工業のように中小工場経営者がつくった製品を零細加工業者に細工加工、仕上げをさせる部分もある。(48)「製造家」の資本規模は小さく、部品加工業者出身であることが多い。「製造家」は中小零細工業を組織することによって小規模な生産と大規模な市場とを媒介し、結びつけているのであり、商業資本であると同時に生産の組織者であり、また自ら生産者でもあることも多いのである。もう一つは「製造家」に注文を出す卸売問屋であり、資本規模も「製造家」よりはるかに大きく、その部門の頂点に立つ商業資本である。卸売問屋は単に流通の担い手と言うだけでなく、「製造家」に信用を供与したり、デザインを決めるとか、注文した製品に自己の商標をつけるとか、場合によっては包装は問屋が行うこともある。市場や技術などに関する情報を集める能力を持っているのも卸売問屋であり、それを「製造家」に伝える役割を果たし、自ら技術改良や新技術の導入を行ったり、海外市場調査を行う場合もあった。雑貨の輸出はアジア系外国貿易商によって行われる場合が多いが、そうした場合には国内との取引慣行の相違を調整する機能も果たした。

このような商業資本の重層的な存在によって、中小零細工業部門の生産と流通が成立しているのであり、商業資本の活動と中小零細工業の発展とは一体化しており、これも社会的分業の一部とみることができる。

3 大工業との関係

中小零細工業と大工業の関係も部門により、業種によって多様である。ここでは製品の物的な関連性・補完関係という点から見るとつぎの四つの類型に大別できる。①同一部門内で大工業＝素材―中小零細工業＝加工という工程間分業が成立している場合、たとえば、綿業、鉄鋼業、メリヤス（原料は綿糸）など。また中小零細工業＝部品、大工業＝組立という分業が成立している場合。これらの場合には、同一部門内で大工業と中小零細工業の間に物的な面での関連性・補完性が存在している。②同一部門内で大工業と中小零細工業が同一の製品を生産している場合。この場合には、大工業と中小零細工業とは直接的競争関係にある。③同一部門内で大工業＝大型製品、あるいは高級製品、中小零細工業＝小型製品、あるいは低価格製品という場合、たとえば機械工業。逆に大工業＝低価格・量産品、中小零細工業＝高級品という場合。これらの場合には、同一部門内で大工業と中小零細工業の製品は市場を異にしており物的な面での関連性はない。④同一部門内はすべて中小零細工業で構成されており大工業は存在しない場合。たとえばガラス工業、洋傘工業。この場合は素材も中小零細工業が生産しているか、または輸入品を使っている。この場合も中小零細工業は物的な面で大工業と無関係である。このほかに同一部門が大工業だけによって構成され、中小零細工業が存在しない場合がありうるが、中小零細工業が存在しないために本章の考察からははずされる。以上の四つの類型のうち、①②は補完関係、競争関係という直接的関連性が存在し、③④は直接的関連性が存在しない。

一般的にこの時期（一九〇〇—一九一〇年代）には、①②の類型よりも、③④の類型が多かったと言える。一つの製品がすべて同一部門内で生産されるとはかぎらないから単純ではないが、この時期までは、その後の時期とくらべると大工業と中小零細工業は同じ市場で競争することも少なかったし、同じ部門で補完しあって存在する場合もまだそれほど多くなかった。もちろん、大工業の労働者が中小零細工業の製品を購入して消費するといった関連性はあり、国民経済は一応形成されていたのであるが、一九三〇年代以後、とくに戦後の一九五〇年代以後とくらべると、まだ大工業と中小零細工業の関連性は弱かったのである。

下請関係について言えば、中小零細工業の内部において、中小零細製造業者相互間、または商業資本と中小零細製造業者の間には下請関係がある程度形成されていたが、固定的なものでも、専属的なものでもなかった。大工業と中小零細工業との間には下請関係はほとんど存在していなかった。のちの時期に下請関係が発達する機械工業の場合には、中小零細工業の技術水準が低いために、大工業が必要とする品質の部品を生産することができなかった。機械工業では大工業の製品と中小零細工業の製品とは別の市場を形成しており、大工業は部品を内製するかまたは輸入に依存していたのである。また、中小零細工業の生産する品質は悪いが安価な機械の需要が存在し、増大したからこそ中小零細の機械工業が発達できたのであり、その機械を需要したのはやはり中小零細工業であった。

機械工業とは逆に、大工業の技術水準が低いために中小零細工業が必要とする素材や部品を供給することができず、その素材や部品を輸入に依存しなければならない場合も多かった。たとえば洋傘工業の場合、その重要素材である綿繻子は国内紡績業の兼営織布では生産することができなかったため、イギリスから輸入しなければならなかった。綿繻子の国内自給は、第一次大戦による輸入途絶を契機に、大阪の洋傘輸入業者の依頼をうけて、豊田式織機（株）が綿繻子用織機を開発して以後のことである。また、洋傘の溝骨に使うリボン鉄は日本の鉄鋼業では生産できず輸入であり、低価格品に使う丸骨も日露戦争後に一部国産化されたが、国産品は品質が悪く、大部分は輸入に依存していた(49)。大工業と中小零細工業のいずれが技術水準が高いかは一概に言えないことである。

以上に述べてきた中小零細工業の生産形態、商業資本の役割、大工業との関連性は、部門、業種、地域などによって相違が大きいが、おおざっぱに言って、それらが変化してくるのは第一次大戦以後であり、一九三〇年代以後に急速に進むと見てよいように思われる。日本資本主義の構造的特質や時期区分の問題も、このような中小零細工業の存在形態や大工業との関連性の有無やそのあり方といった点を組み入れて再検討する必要があるであろう。

註

（1）最近一〇年間に、日本の技術史研究は飛躍的に進んだ。中小工業には限定されないが、その代表的研究を三つあげておく。林武『技術と社会――日本の経験』東京大学出版会、一九八六年、中岡哲郎・石井正・内田星美『近代日本の技術と技術政策』東京大学出版会、一九八六年、南亮進・清川雪彦編著『日本の工業化と技術発展』東洋経済新報社、一九八七年。また、前近代が中心であるが、『講座・日本技術の社会史』全八巻、日本評論社、一九八三―八五年、も大きな成果である。

最近の中小工業のすぐれた実証研究としては、竹内常善、沢井実、武知京三、鈴木淳、黄完晟氏らの研究があげられる。本章は、これら諸氏の研究に負うところが大きい。

（2）中村隆英「在来産業の発想」「在来産業の規模と構成」（同『明治大正期の経済』東京大学出版会、一九八五年、所収）。

（3）林、前掲書、一五九ページ。

（4）五人未満の零細工場における家族労働力の割合は、一九三九年六四・〇％、四一年六六・二％、四七年六九・一％である（商工省「工場統計表」および「工業統計表」）。

（5）インフォーマル・セクターの工業部門には、ほかに副業的・内職的なものが含まれる。他方、インフォーマル・セクターはだいたい都市に限って使われる用語であり、農村における工業部門を含まない。このような点から零細工業とインフォーマル・セクターの工業部門とは重なる部分と重ならない部分とがある。

（6）筆者が一九九〇年三月末―四月にメキシコに滞在したときに、日本企業関係者から、メキシコでは中小工業は存在しないという意見を聞かされた。これは極論であるが、技術史家の中岡哲郎『メキシコと日本の間で』岩波書店、一九八六年、を読んでも、メキシコでは日本の中小工業に相当するものがいかに少ないか、あるいは欠如しているか、がうかがわれる。

(7) 現在、日本では製造業に関しては中小企業を労働者三〇〇人未満としているが、本章では一九〇〇—一〇年代を中心とする時期を対象としているので、中小工業として三〇〇人未満は大きすぎ、一〇〇人未満が適当であろう。また、五人未満は家族労働力が中心になるので、零細工業として区別する。

(8) 日本における初期資本主義の発達については、中村哲『日本初期資本主義史論』ミネルヴァ書房、一九九一年、を参照されたい。

(9) 前近代的土地所有を廃止する近代的土地改革が行われても、それが農業生産力の発展に結びつくとはかぎらない。世界的にみても、日本では比較的徹底した土地改革が行われたし、しかもそれが農業生産力の発展に結びついた代表的なケースである。それを規定する基本的条件は、その土地改革が農業経営の発展度に適合的であることと、農業を取り巻く経済諸条件(政府の政策、市場、貿易のあり方等)である。

また、地主や農民が取得した農業余剰を工業に投資するということも、現代の低開発国ではむしろ少ない。工業化の初期に地主や農民の農業余剰のかなりの部分が工業に投資されたことは、日本の工業化の大きな特徴であり、中小工業形成の大きな条件であった。

(10) 石井寛治「産業資本(2) 絹業」(大石嘉一郎編『日本の産業革命』上、東京大学出版会、一九七五年、所収)一七三—一七五ページ、竹内壮一「近代製糸業への移行」(『講座・日本技術の社会史』第三巻、日本評論社、一九八三年、所収)参照。ただし、中山社の建設費は建物だけのようである。

(11) 西条村製糸場の場合、煮鍋、繰鍋は松代の製陶業者、蒸気を通すパイプは松代の鉄砲鍛冶、汽缶は松代の銅壷屋につくらせている(平野村役場『平野村誌』下巻、一九三二年、一五七ページ)。

(12) 根岸秀行「幕末開港期における生糸繰糸技術転換の意義について」『社会経済史学』五三巻一号、一九八七年四月、参照。

(13) 清川雪彦「戦前中国の蚕糸業に関する若干の考察(1)」『経済学研究』二六巻三号、一九七五年七月。なお、中国製糸業のもう一つの中心地広東周辺地域の場合には、器械製糸技術はフランス式器械を簡易化したものであったが、四〇〇―五〇〇釜規模の大工場が多く、その後の技術改良はほとんどなかった。

(14) 竹内常善「都市型中小工業の農村化事例――大阪府の貝釦生産を中心に」広島大学『経済論叢』二巻三・四号、一九七九年一月、参照。

(15) 中村哲『明治維新の基礎構造』未来社、一九六八年、第五章「世界資本主義と日本綿業の変革」、附論「日本における本源的蓄積の一特質」参照。

(16) たとえば、島居泰彦・積田和「経済発展とインフォーマル・セクターの膨張」『三田学会雑誌』七四巻五号、一九八一年一〇月、参照。

(17) 館山豊「第三世界都市論の視角――フォーマル＝インフォーマル・セクター論批判」『広島平和科学』八号、一九八五年、八五―八六ページ、参照。もっとも、インフォーマル・セクターや都市スラムの人口を正確に知ることは非常に困難であり、ほとんど不可能ともいえる。その内容が複雑であるうえに、調査が困難であるからである。島居・積田両氏が従来の諸研究から整理したところでは、非欧米地域の都市人口のなかでインフォーマル・セクター人口の占める割合は一五―九〇％であり、平均はアフリカ五六・八％、ラテンアメリカ四二・四％、アジア三四・六％である。そして経済発展が遅れている国ほどインフォーマル・セクターの割合が大きいが、また時系列的には工業化が進むにつれてインフォーマル・セクター人口の割合が大きくなる傾向もある（島居・積田、前掲論文、七―一〇ページ）。

(18) 電化による中小工業の発展は日本だけではなく、欧米においてもみられた。たとえば、F・ヒルガート著、山口和男・吾郷健二・本山美彦訳『工業化の世界史』ミネルヴァ書房、一九七九年（Folke Hilgerdt, ***Industrialization and Foreign Trade***, Series of League of Nations Publication, 1945）は次のように述べている。「これまでの技術の発展は、前世紀の大部分を通じて、企業の成長と生産規模の拡大とに対して有利に働いてきた。しかし、このような技術は、近年ある変化を受けるようになったことを補足しておこう。利用可能なエネルギーの主たる形態が蒸気力であった時代には、製造企業は規模的に増大する傾向にあった。この種の動力は、使用されるエンジンの規模の増大とともに急速に経済性を増すからである。ところが、唯一の動力源としての蒸気エンジンに代って、一九〇〇年頃から電気モーターと内燃機関が登場するようになってからは、工業部門の中には、経済性に見合う生産規模が減少する傾向をもつものも出てきた。ある種のタイプの調節機械の開発が、電力の使用と結びついて、この同じ方向に作用している」(四三―四四ページ)、「技術変化(電力による蒸気力の代替――引用者)は、多くの場合、金額的にも、産出高に占める割合においても、小さな投資しか行なわないような小規模あるいは中規模工場の競争力を高めることになった。この技術変化が後進的な国や地域における工業的発展に新しい可能性を開くことになったのである」(五五ページ)。

(19) 中小工業の重要部門である在来綿織物業が工場制に移行する際の主要原動力は、当初、石油発動機であり、蒸気機関とガス発動機がそれに次いでいた。電動機が中心になるのは一九一〇年代後半以降のことである(阿部武司・橘川武郎「日本における動力革命と中小工業――産地綿織物業の場合」『社会経済史学』五三巻二号、一九八七年六月、南亮進・牧野文男「農村機業における力織機化の要因――一九一〇―二〇年」『経済学研究』三九巻四号、一九八八年一〇月)。

(20) 鈴木淳「明治期内燃機関製造業の展開」『土地制度史学』一二八号、一九九〇年七月、参照。

(21) 黄完晟「日本資本主義形成期の都市中小工業」(京都大学経済学博士学位論文)、のち『日本都市中小工業史』臨川書店、一九九二年、序章、参照。

(22) 今津健治「工業化に果した勧業政策の役割、農商務省商工系技師をめぐって」(南・清川編著、前掲『日本の工業化と技術発展』所収)参照。

(23) 以上は、石井正「繊維機械技術の発展過程」(中岡・石井・内田、前掲『近代日本の技術と技術政策』所収)、同「力織機製造技術の展開」(南・清川編著、前掲『日本の工業化と技術発展』所収)による。

(24) 一例をあげると、高橋正二氏は、日本において機械工業の発達が遅れた理由として、政府の軍事工業とそれに関連した工業以外の機械工業に対する政策が消極的であったこと、資本蓄積の貧困、市場の狭隘をあげ、資本蓄積の貧困について、つぎのように言っている。「先進資本主義諸国の近代的機械工業とそれにともなう近代技術を導入するためには、巨額の資本を必要とするが、……資本の蓄積が一部の比較的大規模な企業に偏したために、そこには一応の近代的機械設備が導入されたにもかかわらず、わが国産業の大部分を占める中小企業は近代的機械の恩恵を受けることもなく、従って技術水準も依然として手工業的段階にとどまっていたのである」（同「明治前期機械工業の発展に関する一考察」三重大学『三重法経』二八号、一九七二年一二月、一四二―一四三ページ）。

（25）鈴木淳「明治前・中期の炭坑用機械工業」『史学雑誌』九八巻二号、一九八九年二月、二九ページ。

（26）同前。

（27）工作機械を含む明治期の中小零細の機械工業については、内田星美「欧州大戦前の機械工場」『東京経済大学会誌』一六三号、一九八九年一一月、がある。

（28）沢井実「第一次大戦前後における日本工作機械工業の本格的展開」『社会経済史学』四七巻二号、一九八一年八月。

（29）内田、前掲「欧州大戦前の機械工業」参照。

（30）雑貨工業の輸出については、黄完晟「産業革命期における中小工業製品の輸出――大阪の硝子製品の輸出を中心に」『社会経済史学』五五巻六号、一九九〇年三月、同、前掲『日本資本主義形成期の都市中小工業』序章、参照。

（31）今津健治「輸出工産物の技術的課題」（角山栄編著『日本領事報告の研究』同文舘、一九八六年、所収）参照。

（32）竹内庵「同業組合の歴史的位置――産業＝貿易構造との関連を中心として」（神木哲男・松浦昭編『近代移行期における経済発展』同文舘、一九八七年、所収）参照。しかし、重要輸出品である生糸、茶の場合には、すでに明治一〇年代から同業組合が輸出に重要な役割を果たしている。

（33）黄、前掲「産業革命期における中小工業製品の輸出」参照。

（34）中小零細工業に関するすぐれた実証研究を行っている竹内常善氏は、このような特徴についてつぎのように述べている。「当時の我国の産業構造の底辺を支えていた広汎な中小工業領域の殆どの部門で共通に見られる特徴」は、「一工程毎に一業種が成立するといってもいいような特殊な分業関係が成立っていたことである。つまり工場内での分業関係が——欧米経済史の常識とは全く逆転して——ある時点で空間的に拡散し、まるで「分散マニュファクチュア」のような形態に再編されているのである」。そしてこの生産機構は、イギリスとは「逆に工場経営そのものを後退させながら定着し拡大していったのであり、その点に、日本的産業化の特殊な表現様式を見ることもできそうに思われる」（同「都市型中小工業の農村工業化事例（続）」広島大学『経済論叢』三巻一号、一九七九年七月、四七—四八ページ）。

ただし、一工程ごとの分業は、分散マニュファクチュアですらなく、各工程を担っているのは一応独立の個別経営なのである。また、従来の「欧米経済史の常識」も現在の実証研究から見直す必要がある。

(35) 竹内常善「我国における問屋制解体の一断面」福島大学『商業論集』四三巻四号、一九七五年三月、堀江保蔵「大阪の刷子工業に於ける経営形態の発達」京都大学『経済論叢』三九巻五号、一九三四年一一月、菊池重雄「明治期のブラシ工業——「技術移転」と輸出を中心に」東洋大学『経済論集』四巻二号、一九七九年三月、沢井実「一九一〇年代における輸出雑貨工業の展開——ブラシ・貝ボタン・琺瑯鉄器」北星学院大学『北星論集』二四号、一九八七年三月、参照。

(36) 竹内常善「都市型中小工業の問屋制的再編についてⅠ—Ⅲ」広島大学『政経論叢』二五巻一号、二号、二六巻二号、一九七五年五月、七月、七六年六月、参照。

(37)(38) 楫西光速・小林義雄・岩尾裕純・伊東岱吉編『講座・中小企業』第一巻、有斐閣、一九六〇年、Ⅱ第一章、参照。

(39) 黄完晟「大阪の洋傘中小工業と洋傘輸出」（前掲学位論文、第五章）参照。

(40) 沢井、前掲「一九一〇年代における輸出雑貨工業の展開」参照。

(41) 鈴木、前掲「明治前・中期の炭坑用機械工業」参照。

(42) 武知京三「わが国掛時計製造の展開と形態」国連大学「人間と社会の開発プログラム」報告、一九八〇年、参照。

(43) 鈴木、前掲「明治期内燃機関製造業の展開」参照。

(44) 黄完晟「大阪の中小機械工業とメリヤス機械工業の展開」(前掲学位論文、第二章) 参照。

(45) 黄完晟「産業革命期における中小工業の発展——大阪の硝子工業を中心に」『日本史研究』三二五号、一九八九年九月、参照。

(46) この日本の資本主義的工業化を世界のなかで一つのタイプとして定式化することが必要である。また、この日本の工業化は、従来、工業の一般的発展段階を小営業→マニュファクチュア→機械制大工業としてとらえてきたことについても、反省を迫っているのではないだろうか。少なくとも労働者の熟練形成と社会的分業の発達を組み入れて理論を再構成する必要がある。

(47) 竹内、前掲「我国における問屋制解体の一断面」参照。

(48) 黄、前掲「産業革命期における中小工業の発展」参照。

(49) 黄、前掲「大阪の洋傘中小工業と洋傘輸出」参照。

第四章　東アジア資本主義形成の歴史的諸条件

はじめに

現在、とくに一九八〇年代後半から世界は大きな変革期に入ったということは、多くの人々が実感しているところである。ソ連・東ヨーロッパの社会主義体制は崩壊し、ソ連は消滅した。そして西ヨーロッパに従属する資本主義化が進んでいるが、体制転換にともなう社会的・経済的・政治的混乱が続いている。中国、ベトナムも社会主義から開放・市場経済化に転換し、開発独裁型資本主義の方向に進みつつある。アメリカは国内の社会・経済的困難をかかえ、世界覇権は後退しつつある。世界的不況、とくに日本を含む先進国において産業構造の情報化・サービス化が急激に進みつつあり、失業の増大や巨大企業のリストラクチュアリング、リエンジニアリングが進んでいる。日米経済摩擦をはじめ先進国間・多国籍巨大企業間の競合が激化している。EU統合、NAFTAなどの地域主義の台頭、民族・地域・宗教などの局地的紛争の多発、後発開発途上国、とくにアフリカ、西アジア、南アジアの多くの国々における経済的困難と貧困の蓄積、等々。

こうした世界的大変動は歴史的にみると、第二次大戦後のアメリカを中心とする世界経済体制、政治的にはアメリカ、ソ連二極を中心とする冷戦体制が解体して、つぎの二一世紀の新しい体制への移行期・過渡期に入ったことを意味している。そのなかの重要な動きとして東アジア（東北アジアと東南アジア）[1]における資本主義の急速な勃興がある。

東アジア経済は過去三〇年間にわたり世界経済の約三倍の高成長をとげており、最近ますますその格差は広がる傾向を見せている。たとえば、一九八一—九〇年の実質経済成長率は世界全体三・三％に対し日本を除く東アジア七・九％（サハラ以南のアフリカ一・九％、西アジア・北アフリカ〇・四％）、九一—九三年は世界全体一・一％に対し東アジア八・五％（サハラ以南のアフリカ一・七％、西アジア・北アフリカ二・七％、旧ソ連圏・東ヨーロッパ、マイナス一〇・〇％）[2]である。アジアＮＩＥｓは二一世紀初頭には先進資本主義化するであろう。たとえば、シンガポールの一人当たりＧＮＰはすでにイギリスを越えた。韓国は一九九五・九六年に先進国クラブと言われているＯＥＣＤに加盟する予定だが〔一九九六年一二月加盟〕、二〇一〇年頃には一人当たりＧＮＰでＯＥＣＤ加盟国（現在二五ヵ国）中一〇位くらいにランクされるだろうという予測もある。東アジアの世界経済のなかでの比重も急速に高まってきた。たとえば、東アジア地域の輸出の世界輸出に占めるシェアは一九八〇年に一四・四％（日本を除き七・五％）から九二年に二四・〇％（同一四・七％）に増大している。[3]さらに一九八〇年代後半以降とくに明確になってきたが、個々の国・地域だけではなく、東アジア地域の内部が相互連関性を強めつつ、東アジア全体が一つの資本主義的経済圏を形成する方向が急速に進んでいる。たとえば、東アジア域内貿易（輸出）の東アジア貿易全体に占めるシェアは、一九八六年三〇・九％から九一年四二・六％と急速に高まっており、すでにＮＡＦＴＡのそれ（約四〇％）を越え二〇〇〇年には五〇％を越えると予測される〔一九九五年に五一・二％〕。これまで東アジアの経済発展はアメリカ依存の性格が強いとされてきたし、事実そうでもあったが（その傾向が強調されすぎて、東アジア独自の要因が軽視される傾向があった）、同期間に東アジア地域の対米輸出依存度は三七・二%から二四・四%に低下したし、逆にアメリカの対東アジア輸出依存度が東アジアの対米輸出依存度を上回るようになった(4)。

この東アジア地域の急速な経済発展と経済圏形成の一つの要因は、一九八五年のプラザ合意を契機とする急激な円高による日系企業(多国籍巨大企業が中心であるが、最近は中小企業も急増しつつある)の東南アジア、中国への進出である。しかし逆に、東アジアの経済発展は日本経済に対しても大きな影響を及ぼし、その構造変化を迫っている。たとえば、欧米先進資本主義国が第二次大戦後、輸出入とも工業製品を中心とする貿易構造に転換したなかにあって、日本は頑強に工業製品輸出・一次産品(原燃料・食糧)輸入に特化してきたのであるが(この特徴は日本が産業革命を行って以来、七〇年以上にわたって続いたものである(5))、八〇年代に入って工業製品輸入比率が急速に高まってきた。一九八〇年二二・八%、八五年三一・〇%から八六年に一気に四一・七%に高まり、八九年には五〇・三%と半分を越え、その後停滞したが、九三年五二・〇%となり、最近の円高によって再び急増しており(九四年上期は五四・六%)、六割を越えるのも間もないことであろう〔一九九九年に六二・五%〕。欧米からの輸入も増えているが、東アジア諸国からの増加が著しい。もちろんそのなかには進出した日系企業からの逆輸入の急増も含まれている。

このような東アジア資本主義の急速な勃興は、社会主義の解体と市場経済化の要因の一つであったし、世界資本主義の再編――二〇世紀資本主義の解体と二一世紀資本主義への移行の一つの起動力でもある。したがって、現在、東アジア資本主義の研究は現代資本主義研究の重要な一環である。また、東アジア資本主義は欧米資本主義とはその構造や形成のされ方が相当に異なっているのであり、従来の欧米中心の経済理論(近代経済学のみならずマルクス経済学も含めて)では十分解明できない。東アジア資本主義の歴史的経験の理論化が要請されているのである。それはさらに従来の欧米中心主義的経済理論を革新するものとならなければならないであろう。

第一節　東アジア資本主義研究の視角

一九五〇年代に後進国経済開発論が成立した。それは近代経済学の立場（たとえばヌルクセやミュルダール）からも、マルクス経済学の立場（たとえばモーリス・ドッブ）からも、帝国主義本国の植民地の状態から独立をかちとった新興独立国の経済発展をはかることが要請されたからである。[6] しかし、新興の意気にもえたアジア・アフリカ諸国の経済建設は期待に沿うものではなかった。ついで輸出指向工業化の有効性がとなえられた（たとえばミント）。[7] これらの理論に共通していることは、近代経済学であれマルクス経済学であれ、欧米的な経済理論に依拠して、低開発状態にある諸国の経済をいかにして近代経済成長の軌道に乗せるかという課題に取り組んだことであった。一方、新興独立国の経済的困難という現実から、中枢《メトロポリス》（中心《サントル》）先進資本主義国の支配する世界資本主義体制のもとでは、衛星《サテライト》（周辺《ペリフェリ》）の地位にある新興国の経済発展は不可能であるとする新従属理論が生まれた。[8]

しかし、現実の歴史においては、一九六〇年代から一部の開発途上国が急速な資本主義的工業化を開始し（実は歴史的に見ると、それはすでに一九三〇年代に始まっていたのであるが）、七三年のオイル・ショック以後の世界経済不況のなかでも好調な発展をとげたことから、世界的関心を集めるようになった。一九七九年にＯＥＣＤが“The Impact of the Newly Industrializing Countries on Production and Trade in Manufactures”（大和田悳朗訳『ＯＥＣＤレポート・新興工業国の挑戦』東洋経済新報社、一九八〇年）という報告書を出した。このＮＩＣｓ論は従来の開発途上国経済開発論が低開発状態にある途上国経済をいかにして近代経済発展の軌道に乗せるかということを課題としていたのに対して、一部途上国の急速な工業化という事実を分析し、それを可能とした諸条件を探るとともに、新たにNICsの工業製品輸出の急増（とくに先進国向けの）を先進資本主義国に対する挑戦、脅威とみた点に従来の途上国開発論との相違があった。[9] 開発途上国の経済開発の必要性と同時に、それが先進資本主義国を中心とする既成の世界経済秩序の撹乱要因であると見る視点が出てきた点に新しさがあったのである。[10]

その後、一九八〇年代を経て九〇年代の今日まで世界の政治・経済情勢に大変動を生じている。そのなかで開発途上国の資本主義的工業化はいっそう世界的に拡大し、深化している。七〇年代末から八〇年代前半にNICsから脱落するかに見えたラテンアメリカのNICsが八〇年代後半以後、メキシコを先頭に開放・自由化政策、民営化政策に転換し、徐々に経済を回復させ、ラテンアメリカ域内の経済的結合も強まる方向にあり、メキシコはNAFTAとOECDに加入した。

東アジアにおいては、①NICs（以下、NIEsと呼ぶ）[11]は八〇年代後半から中進資本主義発展が行き詰まり、先進資本主義への転換過程に入った。②ASEAN諸国、とくにマレーシア、タイは中進資本主義化し、インドネシアもそれに続いている。フィリピンも近い将来、中進資本主義化する可能性が大きい。③中国が日本、NIEs、ASEANの経済発展に刺激されて、改革開放政策に転換し、市場経済化政策を推進しており、開発独裁型中進資本主義化の方向をたどっている。④ベトナムも中国に続いており、最近ではミャンマー（ビルマ）も開放政策に転換しはじめた。

さらに、開放政策・自由化・民営化政策の波はインドをはじめ南アジア、アフリカ、東ヨーロッパ、旧ソ連邦諸国に及んでいる。

このような現状をふまえれば、個々の国や地域の経済発展だけでなく、東アジアの相互連関的な資本主義的経済発展を全体としてとらえて理論化することが必要である。単なるＮＩＣｓ論やＮＩＥｓ論の次元を越え、また冷戦後の先進資本主義（アメリカ、ＥＵ、日本）の経済摩擦の経験から出てきた日米欧の資本主義類型論[12]を越えて、東アジア資本主義を一九世紀以来の欧米資本主義とは異なる資本主義の新しい類型として、その理論化をはかることが要請されているのである。

この東アジア資本主義は、従来の欧米中心の経済理論では十分解明できない。また、東アジア地域の経済発展の実証的研究は最近急速に進んできたが、まだまだ質・量ともに不足しており、とくにその国・地域の研究者による研究が不足している。そこで、ここではさしあたり、東アジア資本主義分析にとって必要な視点をあげておくことにしたい。

第一は、経済をそれを取り巻く社会、政治、文化等と関連させてとらえることである。世界経済の転換期に入り、従来の経済学の枠組みでは現状をとらえられなくなったことから、政治経済学や社会経済学が重視されてきているが、欧米とは経済を取り巻く社会的・政治的・文化的環境が非常に違っている東アジアについては、とくに重要な点である。

第二、東アジアの各地域・民族・国家の主体性を組み入れた理論であること。近代社会科学は経済学も含めて西ヨーロッパで成立し、欧米を中心に発達してきた。経済学は一七世紀に形成されはじめ一九世紀前半に古典的成立をとげた。それは西ヨーロッパ（とくにイギリス）の経済的経験を理想化して抽象したものであり、それ以外の地域をほとんど無視していた。第二次大戦後、一九五〇年代から開発途上国の経済研究が本格化してきたが、この開発経済学も開発途上国の経済を規定する要因をつねに先進国側から、世界市場の側から見る傾向が強かった。近代経済学、マルクス経済学を問わず、さらに新従属理論や世界システム論にも共通することである。こうした従来の理論を克服するためには、これまでのような世界市場や先進国側の要因ばかりでなく、開発途上国の内部構造を重視しなければならない。事実、最近、開発途上国の内部構造の研究が進むにつれてその重要性に対する認識が強まってきている。

第三に、歴史的観点に立った国際比較。これまでも比較史的研究はある程度行われてきたが、その多くは西ヨーロッパを基準にして、それとの相違を時期的・段階的遅れとして、また西ヨーロッパの正常な歴史に対して歪曲された歴史としてとらえるものであった。西ヨーロッパ基準ではない、それぞれの地域や民族や国家の固有のあり方を説明できる多元的な比較史の理論をつくっていくことが必要である。もちろん、そのような比較史は個々の地域や国家の実証研究を十分ふまえたとしても、理論構成そのものに多くの困難をともなうことは間違いない。この困難な問題を乗り越えていくためには、当面は理論的厳密性を犠牲にしても、多元的な論理を使った比較の方法を大胆につくり出していかなければならない。

第四に、東アジア地域の全体像を構成していくこと。EU統合にともない西ヨーロッパの文化的・歴史的・経済的一体性・共通性が実際以上に強調されている。実際には西ヨーロッパ諸国・諸地域間の差異は相当大きいのであるが。これにはEU統合を推進しようとするかなり意図的な要因がはたらいている。東アジアから見ると自国と近隣の国との差異は、遠く離れた諸国相互間の差異よりも大きく感じられるものであり、観察者と観察対象との距離が作用するという要因もある。[13] 西ヨーロッパの一体性・共通性の強調とは対照的に、これまで東アジアを一つの統合された地域としてとらえる見方は弱かった。しかし、八〇年代後半以降とくにはっきりしてきたが、個々の国・地域だけではなく、東アジア全体が相互関連性を深めつつ一つの資本主義的経済圏を形成してきている。また歴史的にみても、東アジア地域は、一六世紀頃から域内貿易が発達しているのであり[14]、また文化的・経済的関連性・共通性も相当に強いのである。

以上のような視点から、東アジア資本主義の国際的諸条件を第二節で、内的諸条件を第三節で検討する。

第二節　世界資本主義の発展諸段階
——周辺部から見た——

従来、世界資本主義の発展諸段階として、重商主義（一七・一八世紀）、自由主義（一九世紀）、帝国主義（二〇世紀）、あるいは、商業資本主義（一六—一八世紀前半）、産業資本主義（一九世紀）、金融資本主義（独占資本主義）（一九世紀末—二〇世紀）といった区分がとられてきた。しかし、こうした段階区分は欧米中心・欧米主体の区分であって、非欧米諸地域・諸国——アジア、アフリカ、ラテンアメリカはそのなかに主体として位置づけられていない。植民地として、従属国として、欧米に支配される存在として含まれているにすぎない。

このような欧米中心主義的段階区分ではなく、非欧米地域を主体として組み入れて世界資本主義の諸段階を理論化する必要があるのである。しかし、現在、その理論化には多くの困難な問題があり、性急な理論化は試みるべきではない。個別実証研究の成果を吸収しながら、その中間的整理を行い、中間的理論化の試みを積み重ねていかなければならず、そのための多元的な比較の方法をつくり出していくべきであると思う。

さしあたりまず、本節では、世界資本主義の発展諸段階を非欧米の側=周辺部の側からとらえた特徴を述べ、そのなかに周辺部の経済発展の条件を探ることにする。従来の周辺部からの世界資本主義論は、新従属理論に典型的に見られるように、中心部による周辺部の搾取・収奪・支配の面にもっぱら焦点を当ててきた。その面はもちろん存在するが、その面だけでは周辺部諸国のＮＩＥｓ化、東アジア資本主義の興隆、さらに東アジア資本主義が世界資本主義の構造転換の核となり、韓国、台湾などの東アジアＮＩＥｓが先進資本主義化するという現実を説明することは不可能である。言うまでもないが、こうした周辺部の資本主義化、さらにその中心部への参入、先進資本主義化の過程は世界資本主義の発展過程の一つの側面であり、世界の諸国・諸地域がより深く世界資本主義に組み込まれていく過程でもある。[15]

1　一九世紀の世界資本主義

(1)　一九世紀世界市場の構造

近代世界市場は一八世紀後半から一九世紀初めにかけてのイギリス産業革命を起点として形成され、一九世紀中期に地球的規模で確立した。

この一九世紀世界市場は、貿易、投資、移民（モノ、カネ、ヒト）のあり方からみると、つぎの五地域に大別できる。

①世界市場の中枢であるイギリス、②そのまわりにイギリスに経済的に依存しつつも一応産業革命を達成し近代的政治体制を成立させた資本主義的工業国（ただし、農業部門をはじめとしてまだ非資本主義部門をかなりかかえている中進資本主義国）。フランス、ドイツ（プロイセンとドイツ諸領邦）、オランダ、ベルギー等の西ヨーロッパ諸国、③旧い支配体制をなお強く存続させ、近代的工業化が開始されてはいるが、まだ農業部門中心の経済であるオーストリア＝ハンガリー帝国、ロシア帝国などの東ヨーロッパとスペイン、ポルトガル、ギリシア、

表 4・1　世界貿易の地域別分布（1876～1937年）　（単位：%）

地　域	1876～80年			1913年			1928年			1937年		
	輸出	輸入	貿易総額	輸出	輸入	貿易総額	輸出	輸入	貿易総額	輸出	輸入	貿易総額
ヨーロッパ[1]	64.2	69.6	66.9	58.9	65.1	62.0	48.0	56.2	52.1	47.0	55.8	51.4
北アメリカ	11.7	7.4	9.5	14.8	11.5	13.2	19.8	15.2	17.5	17.1	13.9	15.5
ラテンアメリカ[2]	6.2	4.6	5.4	8.3	7.0	7.6	9.8	7.6	8.7	10.2	7.2	8.7
アジア	12.4	13.4	12.9	11.8	10.4	11.1	15.5	13.8	14.6	16.9	14.1	15.5
アフリカ	2.2	1.5	1.9	3.7	3.6	3.7	4.0	4.6	4.3	5.3	6.2	5.7
オセアニア	3.3	3.5	3.4	2.5	2.4	2.4	2.9	2.6	2.8	3.5	2.8	3.2
世　界	100.0	100.0	100.0	100.0	100.0	100.0	100.0	100.0	100.0	100.0	100.0	100.0

（注） 1） ロシアを含む。
2） 中央アメリカ，南アメリカならびに西半球の全植民地を含む。

（出所） P. Lamartine Yates, *Forty Years of Foreign Trade*, London, 1959, Tables 6 and 7, pp. 32–33. A・G・ケンウッド，A.・L・ロッキード『国際経済の成長――1820～1960』文眞堂，1977年，77，203ページの表より。

表 4・2　世界貿易に占める一次産品のシェア（1876～1913年）　（単位：%）

年　次	時価での数量を基準	1913年価格での数量を基準
1876～1880	63.5	61.8
1886～1890	62.3	62.2
1896～1900	64.3	67.7
1906～1910	63.2	64.0
1913	62.5	62.5

（出所） S. Kuznets, Quantitative Aspects of the Economic Growth of Nations, *Economic Development and Cultural Change*, Part II, January 1967, Table 6, p. 33. ケンウッドほか，前掲書，76ページより。

表 4・3　世界輸出における商品群別のシェア（1913～37年，実際価格）　（単位：%）

年　次	一　次　産　品				工業製品	全 貿 易
	食　糧	原　料		合　計		
		農産物	鉱　物			
1913	27.0	22.7	14.0	63.7	36.3	100.0
1927	24.3	21.5	15.8	61.6	38.4	100.0
1937	23.0	21.0	19.5	63.5	36.5	100.0

（出所） Yates, *op. cit.*, Table 16, p. 44. ケンウッドほか，前掲書，208ページより。

表4・4　一次産品と工業品が各地域の貿易総額に占めるシェア（1876～1913年）

（単位：％）

地域		1876～80		1896～1900		1913	
		一次産品	工業品	一次産品	工業品	一次産品	工業品
輸出貿易	イギリスとアイルランド	11.9	88.1	17.2	82.8	30.3	69.7
	西北ヨーロッパ	43.8	56.2	50.5	49.5	48.0	52.0
	その他のヨーロッパ	78.1	21.9	74.9	25.1	75.6	24.4
	アメリカ合州国とカナダ	85.7	14.3	81.0	19.0	74.1	25.9
	低開発諸国とその他の諸国	97.6	2.4	91.6	8.4	89.1	10.9
	世　界	61.9	38.1	62.8	37.2	61.8	38.2
輸入貿易	イギリスとアイルランド	85.8	14.2	82.6	17.4	81.2	18.8
	西北ヨーロッパ	60.6	39.1	62.0	38.0	59.9	40.1
	アメリカ合州国とカナダ	63.5	36.5	63.0	37.0	63.4	36.6
	低開発諸国とその他の諸国	30.9	69.1	29.2	70.8	40.2	59.8
	世　界	64.9	35.1	65.6	34.3	65.0	35.0

（出所）　Kuznets, *op. cit.*, Table 8A, p. 38; Yates, *op. cit.*, Table 28, p. 55. ケンウッドほか，前掲書，79ページより。

イタリアなどの南ヨーロッパ、④主として西ヨーロッパからの移民によって構成され、イギリスの植民地であり、一九世紀中期には自治を認められるか、政治的に独立した諸国・諸地域（カナダ、オーストラリア、ニュージーランド、南アフリカ、それにアルゼンチン、ブラジル、いわゆる新入植地）、なお、アメリカ合州国は国内経済は工業優位が確立していたが（とくに一八六一―六五年の南北戦争を経て）、世界市場における地位から見るとこのグループに入る。(16) ⑤それ以外のアジア、アフリカ、ラテンアメリカであり、政治的にはヨーロッパの植民地・半植民地、あるいは不平等条約によって国家主権を制限された従属国であり（この点はラテンアメリカ諸国はやや異なる）、経済的には世界の底辺部分を構成する人口、面積において世界の大半を占める広大な地域である。

一九世紀の世界貿易はヨーロッパ域内（①②③の地域）貿易とイギリスを中心とする西ヨーロッパ（①②の地域）とヨーロッパ移民の新入植地（④の地域）との間の貿易が圧倒的に多かった。アメリカ合州国の輸出は一八八〇年代には八〇％以上がヨーロッパ向けであり、一八九五年以降、カナダ、ラテンアメリカ、アジアへの輸出が急速に増えたが、一九一三年にも六〇％を占めた。輸入は一八五〇年代には三分の二はヨーロッパからであり、七〇年代以降も約五〇％であった。ラテンアメリカの貿易も三分の二は対ヨーロッパであり、それにアメリカ合州国を含めると二〇世紀初頭には九〇％に達している。オーストラリア、ニュージーランド、南アフリカはそれ以上にヨーロッパ市場、とくにイギリスに依存していた。一九世紀的貿易構造の最後の年である一九一三年においても、世界貿易の五分の二はヨーロッパ域内、五分の一強が非ヨーロッパからのヨーロッパの輸入、一五％がヨーロッパから非ヨーロッパへの輸出であり、ヨーロッパを中心とする貿易が世界貿易の四分の三以上を占めていたのである。そしてイギリスは工業製品輸出、農産物を中心とする一次産品輸入に特化しており、他の西ヨーロッパはイギリスには主として一次産品を輸出するが他の地域に対しては工業製品輸出、一次産品輸入であり、他のヨーロッパおよび非ヨーロッパ（④⑤の地域）はアメリカ合州国を含めてイギリスをはじめとする西ヨーロッパに一次産品（大半は農産物で一部は鉱産物）を輸出し、工業製品を輸入していた（アメリカはそれに加えてアジア、ラテンアメリカ、カナダに対して工業製品輸出、一次産品輸入）。単純化すれば、一九世紀中期から第一次大戦前にいたる時期の世界貿易は、イギリスを中心とする西ヨーロッパ域内の工・農間垂直分業と工業部門内水平分業、それに西ヨーロッパと西ヨーロッパからの移民による新入植地との工・農間垂直分業によって構成されていた。(17)

移民の流れを見ると、一八二一—一九一五年に海外に流出した移民約四六〇〇万人のうち約四四〇〇万人までがヨーロッパ出身であり、同期間に流入した移民約五一〇〇万のうち六三％がアメリカ合州国に、九％がアルゼンチンに、八％がカナダに、七％がブラジルに入国した。残りの大部分はオーストラリア、ニュージーランド、南アフリカであった。[18] 移民の流れは圧倒的にイギリスをはじめとするヨーロッパからアメリカをはじめとするヨーロッパ人の新入植地に向かったのである。

対外投資の傾向も同様である。一九一四年における世界の対外投資総額九五億ポンド（四三〇億ドル）のうち四三％がイギリスであり、フランス二〇％、ドイツ一三％、ベルギー・オランダ・スイスで一二％、アメリカ合州国七％である。資本輸入国・地域は二七％がヨーロッパ、二四％が北米（うち三分の二がアメリカ合州国、三分の一がカナダ）、一九％がラテンアメリカ（うち八〇％はアルゼンチン、ブラジル、メキシコ）、一六％がアジア（インドが最も多く、ついでセイロン、中国、日本）、アフリカ九％（うち南アフリカが六〇％、エジプト三〇％）、オーストラリア、ニュージーランド五％である。[19] イギリスの対外投資の六〇％はヨーロッパ人の新入植地に向けられ、それ以外の植民地ではインドが一〇％で目立つだけである。インド以外のイギリスの異民族植民地にはイギリスの海外投資のうちわずか三％足らずが投下されたにすぎない。[20] ヨーロッパ人移民の新入植地を植民地にもたないフランス、ドイツの投資先は主としてヨーロッパであり、ついで、アルゼンチン、ブラジルであった。フランスは海外投資のうちアジア、アフリカにおける自己の植民地には八％しか投資していないし、ドイツも自国植民地に対する投資は全体の一二％にすぎなかったのである。[21]

(2)　近代国際法の世界

一九世紀における国際政治関係を規定したものが近代国際法[22]である。それによれば、ヨーロッパ文明を有する国だけが文明国であり、文明国だけが国際法上の主体として認められた。したがって、近代国際法において国家主権を認められるのはヨーロッパ諸国とアメリカ合州国であり、ついでラテンアメリカが一九世紀に独立すると、国家主権が認められた。しかし、それはラテンアメリカ諸国の支配層がヨーロッパ移民によって独占されていたからである[23]。また、イギリスの植民地であるヨーロッパ移民の新入植地は一九世紀中期に自治を認められている[24]。カナダにおける責任内閣制の成立（一八四六年）、オーストラリア、ケープ植民地（南アフリカ）における立憲議会制の成立（一八五〇年）、オーストラリア、ニュージーランドにおける責任内閣制の成立（一八五六年）、カナダ連邦の成立（一八六七年）。それまでは、これらの地域においてイギリス商品は特恵扱いであったが、自治権の付与にともない特恵制は次第に撤廃され、これらの植民地は独自の通商政策を追求する自由を獲得したのである[25]。これもこの地域が植民地ではあるが、ヨーロッパ移民の新入植地であったからである。

それでは以上の地域以外のアジア、アフリカ（⑤の地域）の近代国際法上の地位はどうであったのか。これらの諸国・諸地域はオスマン・トルコ、ペルシア、中国などの前近代的帝国をはじめ、独自の社会・文化を有していたが、近代国際法上では完全な国家主権は認められなかった。近代国際法は世界の諸国・諸地域を三つに分類する。ⓐ文明国、ⓑ半未開国、ⓒ未開人（国）である。国際法上、ⓐは完全な政治的承認がなされ、ⓑは部分的な政治的承認がなされ、ⓒは「自然の、またはたんなる人間としての承認」がなされる。

ⓒは、たとえそこに人が住んでおり、独自の国家が形成されていても、国際法上は「無主の地」とみなされ、征服の対象となり、「先占の法理」によってⓐの文明国のなかの先占（先占取得）した国の領土とされる。

ⓑは「文明国」としての条件はもたないがⓒよりもはるかに強力な国家機構を持ち、また相当発達した社会であって、文明国は一応これらの国家を政治的に承認し一定の条約関係に入る。しかしこれらの国家の国内法はヨーロッパ的法理にもとづくものではないから、それを承認するわけではなく、自国民の保護を理由として領事裁判制度などによってその国家の主権を制限する不平等条約を結ぶのである[26]。一方的な内容の不平等条約の締結に

は当然強制がともなうが、それは正当であり、また一度結んだ条約が守られない場合には武力行使も正当である。

一九世紀後半においてアジア、アフリカの⑤の地域（一三九ページ参照）のうちⓑと認められた諸国は自由貿易規定を中核とし、片務的最恵国条項のもとに協定関税、治外法権などを含む不平等条約を強制され政治的独立性を制限され、経済的にも不利な立場に置かれた。ペルシア（一八三六、五七年）、トルコ（一八三八、六一年）、シャム（一八五五年）、清国（一八四二、五八年）、日本（一八五八年）、朝鮮（一八七六年）などの諸国である。残りの諸国・諸地域はⓒとされて植民地化を強制されていくのである。

歴史的にみると、この近代国際法は一七・一八世紀にヨーロッパにおいて近代主権国家の形成とともに、その国家間関係を規定するものとして形成され、その画期は三〇年戦争終結のために一六四五年に締結されたウェストファリア条約であるとされている。それがイギリス産業革命を起点としてイギリスを中心とする西ヨーロッパの資本主義的工業化の影響力が地球規模に拡大していくのにともない、西ヨーロッパ資本主義の世界制覇の強力な武器になったのである。すなわち、相互に主権国家として承認しあうのはヨーロッパとその入植地が独立した場合のみとし、植民地でもヨーロッパ人入植地はそれに準ずる自治を認めたが、非資本主義的な他のアジア、アフリカの広大な人口と面積を有する地域はそれから排除したのである。それはヨーロッパ資本主義の世界支配の障害を強制的に排除することを法的に正当化するものであった。

(3)　一九世紀世界資本主義の特徴――非欧米地域からみた

西ヨーロッパ資本主義工業国（①②の地域）とそれ以外の地域とは西ヨーロッパ主導の工・農間垂直分業で結ばれ、非西ヨーロッパ地域の経済開発のために、西ヨーロッパから資本が投入され、ヨーロッパ移民が流入した。

しかし、それには著しい偏りがあった。貿易・移民・資本で緊密に西ヨーロッパと結びつけられたのは、西ヨーロッパ人移民の新入植地（④の地域）であり、ついでロシアを含む東ヨーロッパと南ヨーロッパ（③の地域）であった。世界の大半を占める他のアジア、アフリカ（⑤の地域）は西ヨーロッパとの結びつきは相対的にはるかに弱かったのである。西ヨーロッパに対する一次産品輸出と西ヨーロッパからの工業製品輸入・資本輸入という点では、⑤の地域は④③の地域と共通しているが、その量的・質的格差の大きさからすれば、これらアジア、アフリカ諸国・諸地域は西ヨーロッパ主導の世界市場から排除されていたという特徴づけも可能である。一九世紀資本主義は、人口・面積において世界の過半を占めるアジア・アフリカを本格的に組み入れていなかったのである。

一九世紀における一人当たり実質GNP成長率が最も高いのは④の新入植地域であって年率約一・五％、ついで西ヨーロッパで、イギリス、フランス、ドイツ一・二五％、その他はだいたい一％である。これに対して⑤のアジア、アフリカ、ラテンアメリカは〇・五％ないしそれ以下であり、大部分の地域は人口の緩慢な増加にみあう程度の生産増加しかなく、実質一人当たりGNPはほとんど不変であった。唯一の例外は日本で一八八〇―一九一三年の一人当たり実質GNP成長率は三％であった。[27] 一九一三年の一人当たりGDP（一九八〇年の国際ドルによる）[28]を見ても④の地域はオーストラリア二三九〇ドル、カナダ二七七三ドル、アメリカ合州国三七七二ドルで西ヨーロッパ諸国より高く、アルゼンチン一七七〇ドルも西ヨーロッパ諸国に匹敵する。これに対して⑤の地域には一〇〇〇ドル以上の国はなく、日本も七九五ドルであり、他はだいたい四〇〇―五〇〇ドルくらいである。[29] そしてこれら新入植地は一九世紀末以後（アメリカ合州国はさらに早い時期から）、西ヨーロッパ向けの一次産品輸出を基盤として国内における工業化が急速に進展していくのであるが、他のアジア、アフリカ、ラテンアメリカは、日本を除けば二〇世紀に入っても工業化の動きは弱く、むしろ西ヨーロッパに対する政治的従属のもとで一次産品への特化が強化されていくのが一般的傾向である。

一九世紀世界市場における西ヨーロッパ諸国と⑤の地域（第二次大戦後に第三世界と称される地域）との関係は政治的不平等性、政治的支配・従属関係を基盤とし、それと結びついた経済的従属関係が形成されていくというものであったと言えよう。そのなかでラテンアメリカ地域の多くは国際的に主権国家として承認されており、その点ではアジア、アフリカと異なるが、欧米経済と結合したヨーロッパ系支配層の経済が被支配層（メスティーソ、インディヘナ）の経済との結合が弱く、国内経済において飛び地的存在である点で西ヨーロッパの異民族植民地と同じ経済構造がより強化された形で形成された。

2　第二次大戦後の世界資本主義

(1)　植民地体制の解体

二度にわたる世界大戦と両大戦間を過渡期として、第二次大戦後にアメリカを中枢とする世界資本主義体制（＝現代資本主義、あるいは二〇世紀資本主義）が確立する。その変化を規定した基本的条件は、①アメリカを中心とする先進資本主義諸国の現代資本主義化、すなわち、大企業・大量生産体制＝フォード・システム、大衆的労働組合の一般化、賃労働者の大幅な賃金上昇と生活水準の向上、大衆民主主義と福祉国家の形成（レギュラシオン理論のフォード主義的蓄積体制）、②植民地、従属国における民族解放運動の発展とその政治的独立、社会主義諸国の拡大・強化、である。

先進資本主義諸国は、②の情勢におされて植民地の独立を容認せざるをえず、また従属国との不平等条約を廃止せざるをえなかったが、①の条件は、植民地の放棄による打撃よりもそれによる利益を大きくし、むしろ先進国経済にとって適合的な世界市場の再編を結果することになった。民族解放運動の発展とロシア革命の指導者レーニンやアメリカの大統領ウィルソンによって提唱された民族自決の原則により欧米中心の一九世紀的近代国際法は変化し、第二次大戦後にはすべての国家の主権を承認する現代国際法が定着した。非欧米地域の大部分は次々と独立を達成し、国際的に主権国家として承認された。

(2) ブレトン・ウッズ体制

第二次大戦後の世界市場の制度的枠組みである、いわゆるブレトン・ウッズ体制、その具体化としてのＩＭＦ(International Monetary Fund, 国際通貨基金)、ＧＡＴＴ(General Agreement on Tariffs and Trade, 関税および貿易に関する一般協定)、ＩＢＲＤ(International Bank for Reconstruction and Development, 国際復興開発銀行、いわゆる World Bank, 世界銀行)は、一九三〇年代の多角的貿易・決済網の崩壊、統一的世界市場の解体、敵対的ブロック経済化、さらにそれらが第二次世界大戦につながったという歴史的経験をふまえ、統一的世界市場の再建をめざすものであった。

しかし他方、一九三〇年代以降の先進資本主義諸国において、管理通貨制を前提として、国内経済を刺激し、雇用の安定をはかる財政・金融政策が形成されているという現実からすれば、国内経済活動を国際為替相場の安定に従属させる第一次大戦前の国際金本位体制に復帰することも不可能であった。ブレトン・ウッズ体制は国内的に経済成長と完全雇用を追求するケインズ的経済政策と、国際的に協力して多角的貿易・決済網をつくり世界市場を発展させることとを両立させることを目的としたのである(30)。

国際通貨制度としてはアメリカ・ドルを基盤とする金為替本位制がとられ、アメリカ以外の各国通貨はドルと固定為替相場で結びつけられるという制度がつくられた。それを維持する機関としてＩＭＦが設立された。世界貿易における協力機関として当初計画されたＩＴＯ（International Trade Organization, 国際貿易機構）は、一九四八年国際貿易機構憲章（ハバナ憲章）が作成されたが、アメリカ・イギリスの対立とアメリカが国内の反対によって批准しなかったために、流産してしまった。一九四八年に成立したＧＡＴＴはＩＴＯよりも適用範囲が狭く、また国際機関ではなく協定にすぎなかったが、自由・無差別（互恵）・多角主義の原則に立ち、関税以外の貿易制限制度を撤廃し、関税もできるだけ引き下げることを目的とした。

これらの国際機関・組織はアメリカをはじめとする先進資本主義諸国が中心であったが、独立を達成した開発途上諸国も第二次大戦後に確立した国際秩序のもとで、国際連合、ＩＭＦ、ＧＡＴＴ、世銀等への加盟が認められ、その構成員となった。

(3)　世界貿易の発展と開発途上国

ブレトン・ウッズ体制が最も有効に機能したのは、第二次大戦直後の世界経済の回復期を経た一九五〇年頃から一九七一年の基軸通貨国アメリカの金・ドル交換停止にいたる約二〇年間であるが、この時期は世界経済の急激な発展期であった。若干の数値をあげてみよう。ロストウによれば、一九四八—七一年に世界の貿易と工業生産はそれぞれ年率七・三％と五・六％で増加している。一七二〇年以降においてそれにつぐのは、貿易額では一八四〇—六〇年の年率四・八％、工業生産では一八七〇—一九〇〇年の年率三・七％である。[31]Ａ・マディソンの研究では、一九五〇—七三年の世界三二ヵ国（一九八〇年時点で世界のＧＤＰの八五％、人口の七六％、世界輸出の七九％を占める）のＧＤＰ成長は年率五・一％、輸出数量の増加は年率七・四％であり、一九一三—五〇年のそれぞれ二・一％、一・一％はもちろん、一九〇〇—一三年のそれぞれ二・八％、四・八％をもはるかにしのいでいる。[32]

こうした急激な経済発展は、先進資本主義諸国だけではなく、開発途上諸国をも包含するものであった。グズネッツによると、開発途上国七ヵ国のＧＤＰ成長率は一九〇〇―一九五〇年の年率二％から一九五一―七〇年の五％近くに上昇している。[33] Ａ・マディソンの研究では、開発途上国一五ヵ国の一九五〇―七三年のＧＤＰ成長は年率五・三％でＯＥＣＤ一六ヵ国の四・九％をしのぎ、輸出数量も年率五・九％（ＯＥＣＤ一六ヵ国は八・六％）で増加しているのである。[34]

第二次大戦後の世界経済体制は、アメリカを中核とする先進資本主義諸国が主導し、先進資本主義諸国を中心とする、先進資本主義諸国に有利な体制ではあったが、戦前とは違って開発途上国をも主体的構成員として組み入れた体制であり、「第二次大戦後の歴史の複雑化した諸傾向は、結局のところ、第三世界に不利ではない……。事実、三〇年間に南北関係は、君主の臣民に対する関係の段階から、取引と交渉の時代へと移行してきた[35]」のである。

しかし他方、先進資本主義諸国の生産力は一段と高度化し（フォード・システム）、多国籍企業を中心として先進資本主義諸国相互間の経済的結びつきが強まり、先進資本主義の開発途上国市場への浸透力は格段に強化された。先進資本主義諸国とアジア、アフリカ、ラテンアメリカの開発途上諸国との経済関係は、第二次大戦前の政治的従属を基盤とした経済的従属から経済力そのものを基盤とする経済的従属に転換したと言えよう。

このような新しい世界市場において、非欧米諸国のなかに、こうした新しい条件を主体的に利用して資本主義的工業化を推進する諸国が生まれた。それは国家が強力な国内経済統合力をもつことによって、国内に浸透する先進諸国の経済力をコントロールできた諸国であり、先進諸国（米欧と日本）の多国籍企業とも協力した。その典型がアジアＮＩＥｓである。その工業化の特徴の一つは先進国からの移植工業（多国籍企業の直接投資や外資

表4･5　世界輸出における商品群別のシェア（1963～86年）　（単位：％）

年次	一次産品				工業製品	全貿易
	食糧	原料		合計		
		農産物	鉱物			
1963	19.5	9.4	13.4	42.3	55.9	100.0
1970	14.7	5.8	16.6	37.1	62.9	100.0
1980	11.1	3.8	32.5	43.6	56.4	100.0
1986	10.4	3.2	18.1	29.5	70.5	100.0

（注）　鉱物のうち，石油が1970年に9.3％，1980年24.0％，1986年12.4％である。
（出所）　1963年は，宮崎犀一・奥村茂次・森田桐郎編『近代国際経済要覧』東京大学出版会，1981年，26ページ，表48。1970，80，86年は，奥村茂次・柳田侃・清水貞俊・森田桐郎編『データ世界経済』東京大学出版会，1990年，21ページ，表Ⅰ-3-5より計算。

との合弁企業を含めて）の輸出先の中心がまず先進国であったことである。それは一九世紀的国際政治・経済体制のもとでは不可能に近いことであった。植民地はもちろんのこと、独立国であっても、先進国向けに価格競争力をもつ工業製品を輸出した場合、それが先進国の国内産業に脅威であれば、先進諸国は低賃金による輸出ダンピングとして高関税などによって輸入を阻止することが多かったのである。

一九世紀的国際政治・経済体制のもとで、非欧米地域（ヨーロッパ人の新入植地を除く）の国家が資本主義的工業化をはかろうとすれば、①まず第一段階で、欧米資本主義諸国に原料・食糧を輸出し、それによって獲得した外貨を使って輸入代替工業化を推進する、②それに成功した段階で欧米から移植した工業の製品を周辺の開発途上国に輸出し、その市場確保のために不平等条約を強制し、自己も帝国主義国になる、というコースをとった。つまり、一九世紀後半から第一次大戦までの帝国主義的国際環境のもとにおける非欧米諸国の資本主義的工業化は帝国主義的工業化であったのである。その典型が日本であり、かつそれに成功した唯一のケースである。

一方、第二次世界大戦後の米欧日の先進資本主義諸国は国内農業保護政策をとり、農産物輸入の制限や禁止、国産農産物に対する各種補助金の支給、さらに農業保護政策によって生じた過剰農産物の補助金付きの輸出等の政策をとった。その結果、開発途上国の先進国向け農産物輸出は多くの困難に直面したうえ、先進国以外の市場でも先進国から補助金付きで輸出される農産物と競争することになった。そのために世界市場における農産物のシェアは第二次大戦後に大きく縮小した。一九一三年に世界貿易において食糧用農産物は二七・〇％、原料用農産物は二一・七％であり、農産物が約半分を占めていたのであるが、一九六三年には食糧用農産物一九・五％、原料用農産物九・四％、計二八・九％となり、八六年には食糧用農産物一〇・四％、原料用農産物三・二％、計一三・六％にまで減少した。[36]

自由貿易原則のGATT体制下での先進資本主義国の過度の農業保護は開発途上国の農業生産の停滞をまねいたし、また開発途上国が一九世紀におけるように、農産物輸出主導による輸入代替工業化戦略をとることを困難にし、[37]早期に輸出指向工業化をはからなければならなかった国際的条件であった。そして労働集約的工業化に適した国内的条件（たとえば良質・安価な労働力の豊富な存在）をそなえていた諸国が一次産品に比較優位を持つ諸国よりも経済発展に有利な立場に立つことになったのである。韓国、台湾がその代表的存在である。

(4) 一九七三年以後の世界市場の変化

一九六〇年代以後、非同盟諸国会議やUNCTAD（国連貿易開発会議）などを中心とする開発途上諸国の団結による先進資本主義諸国に対する圧力によって、GSP（一般特恵関税）のような開発途上国の先進国向け工業製品輸出を有利にする条件も生まれてきた。GSPは、一九六八年にUNCTADで採用が決定され、七一年にGATTは一〇年以内に再検討するという条件付きでGSPにウェーバーを与えた。[38]そして同年、EC（現在EU）と日本が、七六年にアメリカがGSP供与を決定した。一九七九年、GATTはGSPを無期限に認めた。

先進資本主義諸国のGSP輸入額は一九七二年一〇億ドル、七五年四五億ドル、七六年一〇二億ドル、八〇年二五四億ドルと増加した。しかし、GSP輸出の受益国はすでにかなりの工業化をとげて輸出競争力をもった諸国であり、たとえば、一九八〇年において世界のGSP輸出総額二五四億ドルのうち、韓国一二・九%、台湾一一・〇%、香港九・五%、ブラジル六・六%、インド四・九%、シンガポール四・七%などである[39]。

一九七一年のアメリカの金・ドル交換停止、一九七三年の国際通貨体制の変動相場制への移行、オイル・ショックなどを契機として世界経済は停滞局面に入り、先進国のフォード・システムは行き詰まり、従来型の重化学工業は後退し、それにかわってマイクロエレクトロニクスを中心とする加工組立産業が急速に発展しはじめた。一方、ユーロダラーの急増など国際金融システムが政府・国際機関から民間銀行中心に移り、資本の国際移動が大幅に自由化した。OECD諸国の政府外貨準備は一九七三年の一八二〇億ドルから一九八七年末七八九〇億ドルになったが、民間銀行保有の外貨建て対外資産は同期間に二四八〇億ドルから三兆五六〇億ドルに増加した[40]。また、先進国の従来型の重化学工業企業が危機に陥り、生き残りをかけてプラント輸出に力を入れたので、相対的にプラント輸入国に有利な条件が成立した。もちろん、そうした外的・国際的条件の変化を効果的に利用できたのは、それだけの主体的条件をそなえた諸国、つまりNIEsであり、先進国（とくに民間銀行）からの借入れによるプラント輸入を行って重化学工業化（第二次輸入代替）を推進したのである[41]。

同様なことは一九八〇年代、とくにその後半以後の先端産業についてもいいうる。先進国経済の停滞による先進国多国籍企業の競争激化のなかで、先端技術分野でのNIEsへの技術移転、先進国多国籍企業とNIEs企業との合弁や各種提携関係が進んでいる。それがNIEs、とくに東アジアNIEsの先進国化過程の一つの要因になっているのである。とりわけ、韓国、台湾では日米巨大企業との技術移転契約、OEM契約などが急速に進んでいる。

また、一九八五年のプラザ合意以後の円高によって、日本企業のＡＳＥＡＮ諸国への進出が急激に進み、ついで台湾、韓国、香港、シンガポールの東アジアＮＩＥｓもＡＳＥＡＮ諸国への直接投資を本格化した。すでにＡＳＥＡＮ諸国は、一九六〇年代から輸入代替工業化が進んでいたが、八〇年代後半からの日本資本を中心とする外国資本の大規模な展開、それと結びついた華人資本を中心とする現地大資本の発展、政府の開放政策が相乗効果を発揮して、工業化を中心とする高度成長過程に入った。現在、マレーシア、タイはＮＩＥｓ化（中進資本主義化）し、インドネシアがそれに続いている。

他方、大部分の後発開発途上諸国、とくにアフリカ、西アジア、南アジアの諸国の多くは債務累積による財政の硬直化、開発政策の失敗、国内政治の不安定化と民族・部族・階級・宗教間の対立の激化が進んでおり、ＮＩＥｓなどとの格差は拡大する一方である。

一九世紀における非欧米地域の資本主義的工業化は世界資本主義体制のなかにおける従属的周辺部から支配的中心部への参入——帝国主義的工業化であったが、二〇世紀資本主義体制のもとにおけるＮＩＥｓの資本主義的工業化も、周辺部から中心部への参入の道をたどっている。(42)

第三節　東アジア資本主義形成の内的諸条件

従来の経済学は、開発途上国の資本主義化を先進国側、世界市場の側から見る傾向が強く、開発途上国経済の研究は遅れている。そのなかでも東アジアについては、ラテンアメリカよりも遅れ、とくに東南アジアについてはようやく、ごく最近、各国・各地域の個別研究が本格化してきたところである。また、東アジアはラテンアメリカ、南アジア、西アジア、サハラ以南のアフリカなどの他の開発途上地域とくらべ、地域内の経済格差や社会構造の差異が大きい。そのために、東アジアに共通する経済的条件や東アジア全体の経済的性格を既成の経済理論や他の地域の事実にもとづいてつくられた理論の適用によってではなく、東アジア経済の実証にもとづいて抽出し理論化することは現在のところ困難である。そこで本節では東アジア経済の理論化にとって重要と思われる論点のいくつかを取り上げて、中間的展望を行うことにしたい。なお、本節で取り上げる論点以外にも重要な論点があるが、私の能力と時間の制約のため取り上げられなかった。他日を期したい。

1　農業の小経営的発展

従来の経済開発論の欠陥の一つは、開発途上国の経済発展における農業、農村の積極的役割に注意を払わなかったことである。ソ連をモデルにした重化学工業化主導の経済開発論（ハーシュマン、G・フェルドマン）、農村の余剰労働力の活用による工業化の推進を説く二重経済発展モデル（アーサー・ルイス）、偽装失業労働力を利用するビッグ・プッシュと大規模投資計画（ローゼンシュタイン、ロダン）、投資率の上昇の決定的重要性を説いたテイク・オフ理論（W・W・ロストウ）等々はいずれも工業化を近代的経済成長の鍵であると考え、農業部門は遅れた前近代的部門であって、経済成長の障害であるとみなしていた。

しかし、開発途上国が近代的経済発展を開始する初期段階においては、農業が圧倒的比重をもっており、その生産力の発展が極めて重要である。それは増加していく非農業人口に食糧などの生活手段を供給し、初期の工業部門に原料を供給する。また、農業部門の余剰の蓄積が近代的大工業やインフラストラクチャーの投資資金を供給するとともに初期段階に急増する人口の多くを農村、農業に吸収し、さらには発展する工業に市場を提供する。農業部門がこうした役割をどの程度まで担いうるか、担いえないかが、初期段階には決定的重要性をもっている。そして、その農業生産の発展は労働集約的であり、小農民経営の発達、その商品生産化、多角化、農業外の商工業や賃労働との兼業の発達という形をとる。小農民経営の多角的・複合的な発展がどの程度進むかが初期段階の重要な条件なのである。

従来、経済理論においては、資本主義の形成・発展とともに農民は資本家と賃労働者に分解していくという考え方が強かった。実際には先進資本主義国においても小農民経営は存続したのであるが、この考え方からはそれは遅れた前近代的残存物であるとみられた。この考え方は西ヨーロッパ、とくにイギリスの一八・一九世紀の経験を理想化したものである。しかし現実の歴史過程は、こうした理論に反して、農業は工業とは異なり資本主義化（資本主義的大経営と賃労働者という形での）するのではなく、生産過程は小農民経営の充実・発展、その生産力の上昇という形態をとったのである。イギリス農業も一九世紀後半以後になると資本主義的大経営は次第に後退し、第二次大戦後には小農民経営を中心とする構成になった。

とくに東アジアの農業は極めて労働集約的であり、しかも水田農業中心で労働の季節性が大きいので、生産力上昇と多角化・兼業化が進まなければ農業生産物の余剰や労働力の余剰はつくり出せない。非農業部門に労働力が吸収されて田植や収穫期などの農繁期に労働力が不足すると、農閑期に過剰労働力をかかえながら農業生産が減退するという事態さえまねく場合があるのである。

東アジアにおいて一九世紀——前近代の最後の段階において、小農民経営が最も発達していたのは日本であり、ついで朝鮮、台湾、中国であった。東北アジアは当時西ヨーロッパ、北アメリカについで農業の小経営的発展が進んでおり、それがこの地域のその後の経済発展の基礎条件であったのである。

東南アジアも小農社会であり、他のアジア地域やアフリカにくらべ小農民経営の発展度は高かった。二〇世紀後半の独立以後も相対的に小農的発展が進み、それが東南アジアの資本主義的工業化の基盤となった。とくにタイとマレーシアにおいてその傾向が強く、東南アジアのなかでも両国の工業化が最も進んでいる重要な条件である。

東アジアが小農社会であり前近代において、アジア、アフリカ、ラテンアメリカのなかで小農民経営の発展度が最も高く、近代においても（植民地期も含めて）その発展が他のアジアやアフリカ、ラテンアメリカとくらべて相対的に顕著であったことが、東アジア資本主義の歴史的基礎条件であった(43)。

2　近代的土地改革

最近まで、韓国、台湾の第二次大戦後の農地改革に対する評価は極めて低かった。また、日本の戦後の農地改革についても一九六〇年代までの研究ではその評価は低く、講座派理論では農業の半封建制が温存されたとする評価すらあった。しかし、一方で日本や韓国、台湾の高度経済成長があり、その条件の一つとして土地改革が評価されるようになり、他方で世界の土地改革の実証的研究が進み、それにもとづく比較史的研究によって、日本、韓国、台湾の農地改革は世界のなかで相対的に徹底したものであり、その経済的・社会的効果も大きいことが明らかになってきた(44)。最近ではむしろ逆に農地改革万能論的な意見すらあらわれてきた。

土地改革は小農民経営の近代的発展の重要な条件をつくり出し、農村の所得水準を高めて国内市場の拡大に貢献する。経済発展の障害となっている地主勢力を排除するか、少なくともその力を弱体化し、階層的所得格差を縮小する、農業余剰や農村余剰労働力の都市や非農業部門への移転を促進する、等の大きな効果があるが、すべての土地改革がこのような効果を生むわけではないし、徹底した土地改革ほど効果が大きいともいえない。

土地改革と経済発展の関係を見る場合、つぎのような諸点に注意しなければならない。

(1) 近代的土地改革には大別して三つの段階・形態があり、その区別をすることが必要である。[45]

(2) 法律や制度の次元ではなく、改革の立案・実施の実態を明らかにすることが必要である。世界的に見ると、土地改革令が出されても、それが実施されない場合も多いし、実施の内容が法令と異なることも多い。また、土地改革が行われずに土地所有関係が徐々に変質することも多い。たとえば、タイでは都市化による小作農の脱農化や、「緑の革命」による農業経営の商業化・農民層分解などによって小作料は低下し、近代的中間的地主制(いわゆる寄生地主制)は解体しつつある。[46]

(3) 農業・農村の実態に適合した改革でないと、いかに徹底した改革でも大きな成果を生まない。たとえば、メキシコ革命(一九一一―一七年)の結果行われた土地改革は、当時世界で最も徹底した土地改革であったが、農業・農村の実態を超えたものであり、その効果は一九四〇年代以後次第に減退し、一九六〇年代以後になるとメキシコの農業は土地改革を行わなかった他のラテンアメリカ諸国と実質的に変わらないネオ・ラティフンディオ(近代的大経営)とミニフンディオ(生産力が低く、貧しい小農民経営)の二重構成になっている。日本、韓国、台湾の一九四〇年代後半から五〇年代にかけての農地改革が相当に徹底していたと同時に、かなりの成功をおさめたのは、小農民経営とそれが構成する農村構造がその改革に適合したかなり高い水準に達していたからである。

(4) 土地改革への諸階級の関係の仕方、とくに農民がどの程度積極的にその実施過程に参加したか、そのときの農民の組織化の程度や形態などがどのようなものであったか。東北アジア三国の土地改革において、農民、とくに小作農の主体的組織的参加が最も高かったのは日本であり、ついで台湾であった。[47]

(5)　土地改革と関連して、小農民経営の発展を支援する政策が行われたかどうか、農業をとりまく諸条件（商工業の発達や都市化の進展など）など。

3　インフォーマル部門

一九六〇年代から開発途上国において都市人口の大膨張が始まり、そのなかでも首都への人口集中が著しい。そしてＡ・ルイスの二重経済論では説明のつかない事態が明確になった。第一に、都市近代部門の雇用吸収力が小さく、近代部門の製造業の雇用増加は、その生産額の増加よりもはるかに少ない。第二に、農村から都市へ大量の人口が移動するにもかかわらず、都市近代部門の雇用吸収力が小さいために、都市の失業人口、貧困層が急増する。第三に、膨大な都市・農村の過剰人口と低所得・低賃金にもかかわらず、都市近代部門の賃金は急上昇する。

そこで、こうした事態を説明するために、Ｍ・Ｐ・トダロ（Todaro）、Ｊ・ハリス（Harris）らやＩＬＯの調査・研究によって、農業部門、都市インフォーマル部門（非農業的伝統部門）、都市フォーマル部門（近代部門）の三部門論があらわれた。ＩＬＯによる都市インフォーマル部門の定義は、都市フォーマル部門に雇用されなかった残余の労働力を雇用する部門である、というものであり、その特徴として、①低い参入障壁、②現地資源の利用、③家族経営、④小規模生産単位、⑤労働集約的な低い技術水準、⑥公的機関外での技術習得、⑦公的規制のない競争的市場、をあげている。

しかし、このような都市インフォーマル部門の研究は、理論的には近代経済学の二重経済論の枠組みを基本的に維持し、それを補足するという性格をもち、そのためにインフォーマル部門を法定最低賃金制が行われている都市フォーマル部門の残差としてとらえ、インフォーマル部門における完全競争的状況を想定している。それは、インフォーマル部門の実態をふまえたものではない。またその調査や実証研究の大部分は外部からの表面的なレベルにとどまっており、その実態には不明な部分が極めて多いのである。(48) 都市インフォーマル部門はその調査に困難が多く、開発途上国経済研究のなかでも最も遅れた分野である。

イギリスをはじめ西ヨーロッパ諸国においても一九世紀に大都市には多くのスラムが形成された。一九世紀末から二〇世紀前半の日本も同様であった。西ヨーロッパ、日本は先進国化の過程でスラムは次第に縮小し、大都市人口は賃労働者、ホワイトカラー、商工サービス業自営業者等を中心とする構成になり、いわゆる都市中間層の比重が高まり、スラムは賃労働者や中下層自営業者などの居住区に変化していった。これに対して、現在の開発途上国やNIEsのインフォーマル部門は、かつての西ヨーロッパや日本のスラムよりもはるかに膨大であり、経済が発展しても縮小しないともいわれる。

(1) しかし、このインフォーマル部門は伝統的部門ではなく、開発途上国の経済開発(＝近代化)の過程で形成されたものである。

(2) その経済的内容を見ても、日本の資本主義化の初期段階に見られたものと類似し、直接に資本主義的関係に入ってはいないが、さまざまな形態で間接的に資本主義と関連をもっていることが多い。

(3) インフォーマル部門といわれるものの内部にも、一部に近代的賃労働者や資本主義的家内労働者が形成されてきている。ASEAN諸国のインフォーマル部門では、とくに一九八〇年代後半からの急速な経済発展のなかで中小零細企業が急増し、外資系企業や国内大企業との下請関係も拡大し、輸出産業化した場合も多い(49)。東アジアNIEsのインフォーマル部門ではその傾向がいっそう顕著であり、都市中間層も形成され、本来のインフォーマル部門は縮小しつつある。

(4)　したがって、たしかに、かつての西ヨーロッパや日本のスラムよりも膨大な人口をかかえ、独自の側面ももつであろうが、開発途上国の経済発展とともに形成され、変質し、縮小するのであり、その具体的あり方を調査・分析することが必要である。そして、そのような実証研究の成果にもとづいて、近代経済学の三部門論ではない、新しい理論的枠組みを構成しなければならない。その場合、日本は欧米先進国と異なり、都市スラム、都市下層民に関しては、明治以来、調査・研究のかなりの蓄積がある。それは日本資本主義の後発性・非欧米的性格に規定されて形成された研究の流れであるが(50)、その成果を吸収することは、この面の研究にとって有効であり、日本人研究者にとっての強みともなると思われる(51)。

4　中小工業

従来の工業化に関する研究は、圧倒的に大工業中心であった。経済開発論でも事情は同じである。中小零細工業は遅れた前近代的な存在であり、資本主義が発達していけば次第になくなるものであるという考えが強かったのである。これも西ヨーロッパの歴史的経験を基礎にして、それを多分に理念化した西ヨーロッパ中心主義的な考え方である。非欧米資本主義国である日本は、第二次大戦前においておびただしい中小零細企業が存在していたために、例外的に中小工業研究はかなり行われてきたが、そうした研究も、多くは上に述べた西ヨーロッパ中心主義の立場に立つものであった。膨大な中小零細工業は日本資本主義の後進性を示すものであり、相対的過剰人口を基盤とする低所得・低賃金労働、低技術、前期的商業資本の支配といった特徴づけが行われてきたのである。

しかし、日本は、一九五〇年代から高度経済成長をとげて先進国化し、さらに一九八〇年代以後、製造業における国際競争力が先進資本主義国のなかで最も強くなった。その重要な条件として技術水準のかなり高い中小工業の分厚い存在、大企業と中小企業との系列や下請関係の存在があることが明確になった。またアジアNIEs、とくに台湾、香港の輸出指向工業化の中心的担い手は中小零細工業であり、韓国でも朴政権下の重化学工業部門の大規模工業育成政策が七〇年代後半に行き詰まり、逆に中小工業が急速に発達しはじめた。中国でも七八年末の開放政策への転換以後、郷鎮企業が発達し、それが、農業における小農民経営の復活・発展とともに、旧ソ連・東欧とくらべて中国の社会主義経済から市場経済への転換が比較的順調に進んでいる大きな条件である。要するに東アジア資本主義の発達が中小零細工業の重要性を明示し、新しい観点に立った中小工業研究の必要を迫っているのである。さしあたり、ここではつぎの二点を指摘しておきたい。

第一は、工業化の初期段階には、商業資本と零細工業の性格・役割および両者の関係が重要であることである。まず、一九世紀中期に東アジア諸国・諸地域は本格的に世界市場に組み入れられるが、その直前の段階において商業資本による零細工業経営の組織化（従来、一般に問屋制家内工業といわれてきたもの）が進んでいたのは日本だけのようであり、日本ではその後二〇世紀初期にいたるまで商業資本と零細工業の関係が発達していった(52)。日本だけでなく一般に資本主義化の初期には、むしろこのような大規模な工場や作業場という形態をとらない工業化が量的には圧倒的に多い。その技術は極めて労働集約的であり、一見伝統的と見られるが、実際には技術進歩があり、以前にはまったく存在していなかった新製品である場合も多い。つまり、資本主義化の初期段階においては、零細工業の内部的変化と零細工業と商業資本との関係における変化が重要であり、また零細工業でも前近代的・伝統的な存在と世界市場に組み入れられることによってむしろ形成・発達する存在とを区別する必要があるのである。

第二は、大企業と中小零細工業の関係である。戦後の日本の経済的成功のために、大企業と中小企業の系列・下請関係が注目を集めているが、日本においてもそのような関係が形成されるのは一九三〇年代以後のことであり、とくに戦後である。二〇世紀初めまでは、日本でも大企業と中小企業とは直接結びついていなかった。別々の部門を構成しているか、同じ部門でも製品も市場も別（たとえば、大企業は大型製品・高級品を生産し、中小工業が小型製品や低価格品を生産する、また逆に中小工業が高級品を生産し、大工業が低価格の大衆向けの製品を量産する場合も多い）であることが多い。しかし、まったく経済的連関性がないわけでもない。そこで、資本主義化の初期段階には、大企業と中小企業とのあいだの直接・間接のさまざまな関連の仕方（あるいは無関連）を分析する必要がある。経済を近代部門、伝統部門に分類し、その比重によって近代化の程度を測定するというような方法は、資本主義化の初期段階には少しも有効ではない。大規模な近代的工業からまったく伝統的とも見える零細工業にいたるまでの工業全体について、その関連の仕方・程度を類型化していくことが必要である(53)。

もちろん、世界市場に受動的・他律的に組み入れられた後発国の場合、先進国の進んだ技術を導入した移植大工業の建設も必要ではあるが、労働集約的な中小零細工業の育成と両立したものでなければならない。移植大工業の建設に重点を置きすぎると、大工業が国内で飛び地的存在となって、結局は大工業自体の発達も阻害される結果を生むことになるのである。そうした例はラテンアメリカ、インド、中国などにおいて、極めて多い。

5 国家と社会統合

世界資本主義体制に組み込まれた開発途上国が工業化をはかるうえで、国家の役割は重要である。先進国や多国籍企業の強力な経済的浸透力を放置し、国内における自由な活動を認めれば、従属経済化は必然であり、逆にそれを阻止すれば国際的に孤立し、経済発展に取り残されてしまう。国際経済関係と国内経済関係とを調整し、先進国や多国籍企業と協力しつつも主体性を維持し、その国内における活動を適切にコントロールして国内経済統合を推進し、国際的には比較優位の条件をつくっていくことが開発途上国の国家に必要な基本的な経済的機能である。したがって、政治的独立は自立的工業化のために最低限必要な基本的条件である。

しかし、他方において、国家がそのような経済的役割をどの程度まで担いうるかは、社会のあり方によって規定される。社会を構成するさまざまな集団や団体の性格、その発達の程度、それら社会団体の相互関係などが社会を性格づけている。たとえば、日本では江戸時代以来、商工業者の団体（同業組合）が発達し、明治維新以後もそれら業種別・部門別・地域別（商業会議所など）の商工業団体が高度な発達をとげた。そして政府の経済政策の多くはそれらの諸団体を通じて実施された。

ところが、現在の開発途上国においては、商工業団体の自主的発達は一般に弱い。そのため政府の経済政策の実効性、その国内経済に対する浸透度が弱かったり、偏ったものであることが多い。また、行政力によってその実効性を高めようとすると官僚制が肥大化し、財政膨張の原因となり、腐敗・非効率を生み出すことになる。

従来、開発途上国の工業化が自立的であるか、従属的であるかという問題について多くの論争がなされてきた。その場合、その国の工業化の中心的担い手が国内資本であるか、多国籍企業を中心とする外国資本であるかが、工業化の性格を決める基本的条件であるという考え方が有力である。

しかし、この問題については、開発途上国の政府と外国政府や外国資本との関係のあり方が非常に重要である。たとえば、開発途上国の政府の政策が外国政府、とくにその開発途上国と政治的・経済的関係の深い強力な先進国の政府や多国籍企業などの外国資本から自立して決定され、実施されるのか、それともその影響力のもとに決定・実施されるのか、外国政府や外国資本の影響力の程度、というような問題である。たとえ、外国資本が工業化の中心的担い手であっても、その開発途上国の政府が外国資本の国内における活動を国内資本と同様にコントロールする能力をもっていれば自立的工業化は可能である。逆に、国内の外国資本は少なくても政策の決定・実施が外国政府や外国の多国籍企業の影響のもとに行われる傾向が強ければ、その工業化は従属的な性格をもつことになるであろう。

そして、国家の社会・経済統合能力の程度が外国政府から自立して政策を決定・実施し、外国資本をコントロールする能力を決定する重要な条件である。それは自立的工業化のための基本的条件である。また、国際政治における開発途上国の団結や先進諸国間の対立・競合、多国籍企業などの外国資本相互の競争の激化は開発途上国の自立的工業化に有利な国際的条件であり、その逆は不利な条件として作用する。

つぎに、この国家による社会・経済統合のあり方・程度、その逆に国家に対する社会の規定性という点から開発途上国、とくに東アジア諸国を見た場合の問題点のいくつかを指摘することにしよう。

第一は、権威主義体制論、とくに開発独裁体制論についてである。開発途上国の国家を権威主義体制とか、あるいは開発独裁と規定することが多いが、このような概念はあまり有効ではない。かつては、民主主義的政治体制が近代経済発展に最も適合した政治体制であるとする見方があった。これも西ヨーロッパの歴史を理想化した理論であるが、他方、開発独裁が開発途上国の経済発展に最も適合的であるともいえない。こうした国家の分類は国家の社会・経済統合機能という点からは形式的なものにすぎない。

北原淳氏はタイの歴史的経験にもとづいて、開発途上国の独裁体制を前近代的なⅠ型と近代的なⅡ型に分け、前者（Ⅰ型）は特定の政府要人や支配集団が特定の資本家や資本家集団と個別に癒着して、相互の私的利益をはかるパターンであり、後者（Ⅱ型）は政府が特定の資本家や企業の利益からは中立的となり、資本家全体、資本家政党など資本家層全体と制度的に関係し、公的利益をはかるパターンであるとしている。(54) この見方には開発独裁体制と経済近代化との関係をとらえるうえで一定の有効性がある。ただし、Ⅰ型を前近代的であるとはいえない。Ⅰ型とⅡ型の区別は、むしろ国家の社会統合機能の発達の程度の差異であり、開発途上国の国家とＮＩＥｓ（中進資本主義）国家の差異とするのが妥当ではないだろうか。

開発独裁というような概念では、このような開発途上諸国間の国家による社会・経済統合力の質的な差異（Ⅰ型とⅡ型というような）を明らかにすることはできない。そして開発途上国の国家類型の最も重要な基準はこの質的差異なのである。開発途上国の国家の質的差異は独裁か民主主義かというような形態的な点にではなく、自立的な経済開発・資本主義化を推進する能力を基本にする必要がある。(55)

なお、前近代国家と近代国家の差異は階級的なものであり、その国家が伝統的支配を維持しようとしているのか、それを解体し、近代化を推進しようとしているのか、によって決められる。Ⅰ型であっても後者であれば近代国家であろう。

第二点。独裁か民主主義体制かという点についても、形式的にではなく、実質的にとらえる必要がある。民衆の政治参加や政治的発言力がどの程度認められているか、政策に民衆の利害がどの程度盛り込まれているか、といった点をみる必要がある。開発途上国において普通選挙が行われていても、それは単なる国家による民衆動員の手段にすぎないことも多い。そのような場合、民衆的利害が政策に反映されることは稀である。そのような政治体制は民主主義的とはいえないであろう。

たとえば、フィリピンでは、形態的には一応政治的民主制が維持されてきた。しかしその政策は、最近多少の変化が現れてきているが、さきのⅠ型が続いている。他方、タイでは一九五〇年代末のサリット体制の成立によって開発独裁のⅠ型からⅡ型への移行が始まり、紆余曲折をへたが、九一年の軍事クーデター、それに抵抗する九二年の五月革命（「流血の五月」）を画期として開発独裁Ⅱ型から民主主義的政治体制へ移行しつつある。この両国の政治体制における差異を規定した重要な条件は社会構造の差異——たとえば、フィリピンの地主制の強力な存続と社会的中間層の薄さ、タイにおける小農民経営の比較的順調な発展と中間層の形成——である。

第三に、東アジアの開発途上国の権威主義体制（開発独裁）（暫定的な表現として使用しておく）の特徴である。東アジアの権威主義体制においては、概して民衆の政治参加がある程度認められていた。東アジアの開発途上国の多くはもとは植民地であり、独立をかちとる過程で民衆的規模でナショナリズムが高揚した。そのため国家の正統性を維持するには、民衆の政治参加をある程度認めなければならなかったのである。また、韓国、台湾、タイは、社会主義国と国境を接しており、とくに韓国、台湾は同じ民族の社会主義国と対峙していたから、民衆の反体制的政治活動は厳しく抑圧しながらも、国家の正統性維持のために、経済政策に民衆的利害をある程度配慮せざるをえなかった。たとえば、韓国、台湾の土地改革にはその要因が強く作用していた。そうした事情が権威主義体制を実質的にチェックし、権力の腐敗や非能率をかなり防いだと思われる。

一九世紀におけるラテンアメリカの独立の場合には、本国から移住した西ヨーロッパ系の支配層の本国の植民地支配に対する反乱にすぎない場合が多かったし、二〇世紀五〇—六〇年代のアフリカ諸国の独立の場合、そのナショナリズムの高揚の多くは、民衆レベルのものではなく、操作された要素が大きい。

このアフリカ諸国と東アジア諸国の差異を規定した基本的条件は、前近代における社会のあり方、たとえば、部族社会から民族社会への発展を経験しているかどうか、そして、それと関連するが、独立後の国家の社会・経済統合能力である。

第四に、開発途上国の政治体制の近代化の程度については、さしあたりつぎの三点から見るのが有効であろう。①全国的な行政組織と徴税組織の発達の程度、②一国単位の経済政策がその国の国内的・国際的諸条件に適合している程度、その立案・決定・実施のメカニズム、③政府の政策に国民各層の要求が反映されるメカニズムの形成・その方式や発達の程度。

6　植民地のあり方

東アジアの多くの国々はかつては欧米日の植民地であった。したがって、東アジア資本主義の歴史的諸条件の研究には、植民地期をいかにとらえるのか、という課題がある。従来、植民地とそれに対する帝国主義の支配については、基本的に二つの相対立する考え方があった。一つは植民地化のプラス面を強調してマイナスの面を過小評価する考え方であり、帝国主義本国の支配は遅れた低開発地域に対して、鉄道・道路・港湾施設、通信などのインフラストラクチャーの建設、近代工業や近代的教育・医療の導入などを行って文明に導いたとする帝国主義支配を正当化する立場に立った考えである。もう一つは、これとは対極に立つ考え方であり、民族解放運動、さらに第二次大戦後に植民地からの独立を達成した新興国の立場から、帝国主義による植民地の搾取・収奪を強調するものである。

ただし、この相対立する二つの見方には基本的な共通点がある。それは両者とも植民地における基本的規定要因を支配する側、帝国主義側においている点であり、植民地の内的条件を軽視したり、副次的にしか見ない傾向があることである。これはさきに見たように、従来の経済学が、近代経済学だけでなくマルクス経済学や新従属理論、世界システム論においても、開発途上国の資本主義的工業化の規定要因を先進国の側、世界市場の側から見る傾向が強いこととも共通する問題である。研究対象が帝国主義本国と植民地であるという条件がその傾向（先進国中心主義・西ヨーロッパ中心主義）をより強化しているのである。

一九七〇年代になると、かつて植民地であった開発途上国のなかから急速な資本主義化をとげる国が現れてきたことが認識されるようになった。実際の資本主義化は、それより早い時期――おそらく一九三〇年代――から始まっていたのであるが、七〇年代に先進国経済が停滞化するなかで、その先進国向け工業製品輸出を主導力とする（これも先進国側からそのように見えたという面が強い）ＮＩＥｓの急速な台頭が注目を集めるようになったのである。さらに、八〇年代には、そのなかでもとくにアジアＮＩＥｓの発展が著しく、それに続いてＡＳＥＡＮ諸国も資本主義化してきたことによって、東アジア地域における急速な経済発展と資本主義化の歴史的条件に対する関心が生まれてきた。そのなかの中心的問題の一つが、植民地のあり方と独立後の経済発展や資本主義化とのあいだにどのような関連があるのかという問題である。この問題を検討する場合、つぎの諸点に注意しなければならない。

第一に、東アジア資本主義の形成・発展の歴史的条件としての植民地研究は、植民地の内的条件を基本にする必要がある。①それは、帝国主義本国の視点からの、帝国主義研究としての植民地研究ではなく、その国・地域の歴史的発展過程のなかにおける植民地時代の研究であり、植民地期はその国・地域の前近代から現代にいたる歴史の一部であるということである。断っておくが、このことは帝国主義研究の一環としての植民地研究が必要ではないということではない。両者は研究対象が共通しているが、研究の視点、課題が異なるのである。②さきに述べた従来の植民地についてのとらえ方（植民地を受動的・被規定的存在としてのみとらえ、主体的存在としてとらえない）から脱却しなければならない。③従来の植民地研究は帝国主義本国の政策を中心としたものであったが、政策レベルの研究ではなく、経済、さらに社会、政治の実態、その構造の研究を中心にすえる必要がある。この点はＮＩＥｓ研究や開発途上国研究にも共通する問題であり、従来のＮＩＥｓや開発途上国の研究は政策レベルの研究が圧倒的に多く、ついで個別の農村などの実態調査が多いのであるが、一国全体の経済・社会の構造分析を本格的に進めなければならない。

第二に、帝国主義本国の政策についても、それに対する植民地側の対応、両者の相互作用、その結果として生み出される植民地経済構造の変化を見ていくと、本国の植民地政策のあり方自体が植民地の内的条件に規定されている面が大きいことがわかってきた。また、政策の実効性という点になると、いっそうその傾向が強いのである。そして、ある政策が植民地の内的諸条件や現地人の対応に規定されて、当初の政策意図とはまったく異なる結果を生むことも多い。

したがって、帝国主義本国の植民地政策についても、たんなる政策分析ではなく、その実施過程を重視し、さらに、それが現地社会に現実に与えた影響、それによって引き起こされた現地社会の変化と関連づけることが必要である。

第三は、植民地のあり方の相違である。植民地とは帝国主義本国に国家主権を奪われた状態であり、帝国主義本国の政治的支配が行われている状態であるが、植民地のあり方は個々の植民地により、また時期によって差異が非常に大きい。植民地は政治・社会・経済の全体を特徴づける概念ではないのである。したがって、植民地構成体とか半植民地構成体（半植民地半封建的社会構成体規定も含めて）というように、植民地を社会構成体規定として用いるのは誤りである。

植民地のあり方は、基本的に一方における植民地の社会・経済の発展度や構造、本国との社会的・経済的関係、他方における帝国主義本国の政策、その実施のあり方、そして第三に両者の相互作用、この三つの条件によって規定される。そしてこの三つの条件は植民地によって大きく異なるのである。帝国主義国の植民地政策など、植民地支配のあり方について言えば、宗主国の違いによって異なるばかりでなく、同じ宗主国でも植民地ごとにその政策が異なることも多いし、同一の宗主国の同一の植民地でも時期によって異なることがある。

たとえば、イギリスのアジア植民地の場合でも、大別して①インド、セイロン（現在のスリランカ）、ビルマ（現在のミャンマー）、②マレーシア、③香港、シンガポールの三つの類型に分けることができる。イギリスのインド、セイロン、ビルマに対する支配は搾取の面が強かったために、植民地の民衆に資本主義に対する反感を植えつけることになり、独立後の政府は社会主義的政策をとることになった。マレーシアに対する支配はセイロン、ビルマの植民地支配についての反省があったこと、マレーシアが人口が少なかったなどの条件によって、インド、セイロン、ビルマに対する支配とはかなり異なっていた。たとえば、セイロンでは村落共有地が植民地政府によって取り上げられてプランテーション所有者に売却され、それが一九三五年に廃止されるまでに一〇〇万エーカー（約四〇万ヘクタール）に及んだ。この政策は小農民に大きな打撃を与えたのである。一方、マレーシアでは一九一三年にマレー人保留地区法が制定され、マレー人の村落社会をイギリス人植民者から保護する目的で非マレー人に対する土地売却が禁止された。マレーシアは当時人口が希薄であったから、マレー人小農民の共有地を収奪しなくてもイギリス人はプランテーションを発達させることができたという事情もある。独立後のマレーシアにおける一九六〇—七〇年代の急速な経済発展は農業部門の発展に依存していたが（たとえば、六〇—八〇年に人口は年率二・九％で増加したが、農業部門はその増加する人口の大部分を吸収したうえに、農家の実質所得は年率五・五％で増大した）、それは植民地時代の小農民経営の一定度の発展が一つの要因であったと考えられる。香港とシンガポールについては、イギリスは両地を東アジア地域におけるイギリスの海運・金融・貿易、さらに政治・軍事の拠点として開発した。それが第二次大戦後において、両地の資本主義発展の一つの条件となった。

モンスーン・アジアにおける第二次大戦後の経済発展に関するすぐれた研究を行ったハリー・オーシマは、このような事実にもとづいて南アジア、東南アジア、ＮＩＥｓの三地域の独立後の経済発展の相違の多くの部分は植民地統治の違いに帰することができるとしている。(56) オーシマの研究は植民地政策を中心としたものであるという点で不十分である。植民地の内部構造とその変化を中心にすえて、植民地の比較史的研究を行うこと、それによって独立後の経済構造の変化と関連づけた植民地の類型化を行うことが必要である。

註

（1）本章において、東北アジアとは、中国、日本、韓国、北朝鮮、台湾、香港を含む地域を指す。今後の政治・経済・社会の変化によって、さらにモンゴル、極東ロシアを含めることが適当になると考えられる。この地域は従来、東アジアと言われることが多かったが、東南アジアとの関係が強まり、この地域と東南アジアを一つの地域としてとらえる必要性が生じたので、この地域を東アジアとするのは適当ではなくなっている。東アジアは、この地域と東南アジアを含む地域概念とし、この地域は東北アジアとするのが適当である。現在、この地域に対して北東アジアという名称が使われたり、いわゆる環日本海経済圏を北東アジアと言ったり、中国の広東・福建両省と香港、台湾を含むいわゆる華南経済圏を東南アジアに含める場合があったり、旧来の東アジアの用法が行われたりしており、この地域の名称には混乱がみられる。

　歴史的・文化的要素も含めて、社会全体を見た場合、東アジアを東北アジアと東南アジアの二つに分けることは適当である。ベトナムは東北アジア的性格と東南アジア的性格の両面をもつが、近い将来ＡＳＥＡＮに加入することを考慮すると東南アジアに含めたほうがよいであろう〔一九九五年に加入〕。なお、アジアとは本来、ヨーロッパ人によるヨーロッパから見た地域名称であって、世界的に見て不適当であるが、すでに定着してしまっているので変更することはむずかしい。ヨーロッパという地域概念に対応する地域概念としては、アジアを東アジア、南アジア、西アジアの三つに分けるのが適当である。

（2）世界銀行の一九九四年四月一四日発表の報告書「世界経済の展望と途上国」による。世銀は最近東アジアの経済発展に強い関心を示しており、一九九三年、"The East Asian Miracle: Economic Growth and Public Policy"（白鳥正喜監訳、海外協力基金開発問題研究会訳『東アジアの奇跡――経済成長と政府の役割』東洋経済新報社、一九九四年）という政策研究レポートをまとめた。世銀の政策は英米系の自由主義的経済学が圧倒的に有力であり、東アジアのいわゆる開発独裁的経済政策に対する関心はあまり強くはなかったが、世界経済の停滞のなかで、東アジア経済のパフォーマンス（たとえば、単に経済成長率が高いだけでなく、その過程で所得分配が改善された）に対して注目せざるをえなくなってきている。しかし、その分析はかなり表面的なものにすぎないようである。

（3）野村総合研究所・東京国際クラブ『アジアの発展とリスク』野村総合研究所情報リソース部、一九九三年、二八六ページ。

（4）同前、二五―二六ページ。

（5）なお、イギリスは産業革命以後、第二次大戦後まで一世紀半にわたって、工業製品輸出、一次産品輸入の貿易構造が続いた。英日両国に特有な貿易構造であり、世界市場（英）と東アジア市場（日）における地位の共通性によるものである。

（6） R. Nurkse, *Problems of Capital Formations in Undeveloped Countries*, Blackwell, 1953（土屋六郎訳『後進国の資本形成』巌松堂書店、一九六〇年）、G. Myrdal, *Asian Drama: An Inquiry into the Poverty of Nations*, The Twentieth Century Fund, 1971（板垣與一監訳、小浪充・木村修三訳『アジアのドラマ――諸国民の貧困の一研究』上・下、東洋経済新報社、一九七四年、ただし縮冊版）、M・ドッブには後進国開発論に関する多くの著作があるが、さしあたり *Some Aspects of Economic Development*（小野一一郎訳『後進国の経済発展と経済構造』有斐閣、一九五六年）、M. Dobb, *An Essays on Economic Growth and Plannings*, Routiledge, 1960（石川滋・宮本義男訳『経済成長と経済計画』岩波書店、一九六五年）、M. Dobb, *Economic Growth amd Underdeveloped Countries*, Lawrence, 1963（宮本義男訳『成長と開発の経済学』合同出版社、一九六四年）。

（7） H. Myint, *The Economics of the Developing Countries*, Hutchinson & Ltd., 1964（第五版の日本語訳、木村修三・渡辺利夫訳『開発途上国の経済学』東洋経済新報社、一九八一年）、H. Myint, *Economic Theory and the Underdeveloped Countries*, Oxford University Press, 1971（渡辺利夫・小島真・高梨和紘・高橋宏訳『低開発国の経済理論』東洋経済新報社、一九七三年）。

（8） A. G. Frank, *Capitalism and Underdevelopment in Latin America*, Monthly Review Press, 1967, および *Latin America: Underdevelopment or Revolution*, 1969（両書から主要論文を編集した日本語訳、大崎正治ほか訳『世界資本主義と低開発』拓殖書房、一九七六年）、A. G. Frank, *Lumpen-Bourgeoisie and Lumpen-Development: Dependency, Class and Politics in Latin America*, Monthly Review Press, 1972（西川潤訳『世界資本主義とラテンアメリカ――ルンペン・ブルジョワジーとルンペン的発展』岩波書店、一九七八年）、その後、批判をある程度取り入れて理論的補強を行ったものが、A. G. Frank, *Dependent Accumulation and Underdevelopment*, Macmillan, 1978（吾郷健二訳『従属的蓄積と低開発』岩波書店、一九八〇年）。S. Amin, *L'accumulation à l'échelle mondiale: critique de la théorie du sousdéveloppement*, Antropos, 1970（野口祐・原田金一郎ほか訳『世界資本蓄積論』、『周辺資本主義構成体論』、『中心・周辺経済関係論』拓殖書房、一九七九、一九八一年）、S. Amin, *Le développement inégal: Essai sur les formations sociales du capitalisme périphérique*, 1973（西川潤訳『不均等発展——周辺資本主義の社会構成体に関する試論』東洋経済新報社、一九八三年）、S. Amin, *Classe et nation dans l'histoire et la cries contemporaine*, Minuit, 1976（山崎カオル訳『階級と民族』新評論、一九八三年）。従属の国内的規定性を比較的重視する従属理論として、T. D. Santos, *Imperialismo y dependencia*, México: Edicones Era, 1978（青木芳夫ほか訳『帝国主義と従属』拓殖書房、一九八三年、ただし抄訳）。新従属理論は、一般的に言えば、国連ラテンアメリカ経済委員会のラウル・プレビッシュの従属理論を継承し、アメリカのマルクス主義経済研究者、P・バランとP・スウィージーの理論的影響を受け、フランスのルイ・アルチュセール、レヴィ・ストロースらの構造主義の方法を取り入れて構成された。世界資本主義のもとにおいて、周辺的地位にある開発途上国の立場から理論を構成した点に画期的意義をもったが、中枢先進資本主義国の規定性や多国籍企業の支配力を過度に強力なものとして一般化した点や、ラテンアメリカ的特殊性の意識が弱かったという弱点をもっていた。その後、開発途上国のNIEs的発展や東ヨーロッパ、旧ソ連の社会主義の崩壊、中国、ベトナムの社会主義から市場経済への転換（開発独裁型資本主義化）などの歴史的現実によって、その理論的影響力は急速に失われてしまったが、新従属理論の果たした意義は大きいし、その理論をそれ自体として正確に評価する必要がある。

（9）　このOECD報告では、スペイン、ポルトガル、ギリシア、ユーゴスラビアの南欧四ヵ国、ブラジル、メキシコのラテンアメリカ二ヵ国、韓国、台湾、香港、シンガポールの東アジア四ヵ国・地域である。NICsは外向的工業成長をとげつつある中所得国であり、①工業製品輸出の急速な増加、②工業部門の雇用シェアの増加、③一人当たりGNPの先進国との格差の相対的縮小、という共通の特徴をもつとされている。

（10）　先進資本主義国が後発資本主義国の急速な追い上げを脅威と感じたこと、それが世界市場の攪乱要因であるとみたのは、これが最初ではない。国際連盟は一九三〇年代の「工業化を遂げようとする低賃金労働の豊富な国の競争力に対する恐怖心」による保護主義に対処するため、「相対的に後進的な状態にあった地域が工業化することによって、それが工業的にはもっと発達している諸国の外国貿易に、どのような影響を与えるのか」という問題を調査・研究した。そして、その後発工業国とは第一に日本であった（Folke Hilgerdt, *Industrialization and Foreign Trade*, League of Nations, 1940. 山口和男ほか訳『工業化の世界史――一八七〇―一九四〇年までの世界経済の動態』ミネルヴァ書房、一九七九年、引用は国際連盟・経済・金融・運輸部長Ａ・ラブディーの序文）。

（11）ＮＩＣｓ（**Newly Industrializing Countries,** 新興工業国群）という名称は一九八八年六月のカナダのトロントで行われたサミットでＮＩＥｓ（**Newly Industrializing Economies,** 新興工業経済群）と改められた。変更の理由は台湾と香港は国ではないとする中国の主張に配慮したものである。しかし、涂照彦氏はＮＩＣｓからＮＩＥｓへの変更の「背後には、ひとつの局面（段階）が終わりをつげ、そしてつぎの新しい局面（同）がはじまったという大きな時代的推移と変化」があるとして、ＮＩＣｓとＮＩＥｓを別の概念としてとらえようとする（「「ＮＩＥｓ」時代の東アジア経済圏――新しい国際秩序を求めて」『世界』一九八八年一二月号）。もともとＮＩＣｓ、ＮＩＥｓは社会科学的概念ではなく、特徴的現象をとらえるための便宜的な用語であり、命名者もそれを認めている。われわれはそのような用語として使うべきであり、社会科学的概念としては、さらに分析を深めてより一般的・理論的概念を構成すべきである。私は、中進資本主義という概念を最も一般的な概念として使用し、ＮＩＣｓを新中進資本主義としたが（「近代世界史像の再検討」『歴史評論』四〇四号、一九八三年一二月、のち『近代世界史像の再構成――東アジアの視点から』青木書店、一九九一年に所収）、二〇世紀後半の新中進資本主義を東アジアＮＩＥｓ、とくに韓国、台湾に引きつけて考えすぎた欠陥があった。ラテンアメリカＮＩＥｓと東アジアＮＩＥｓにはかなり大きな類型差が存在しているし、二〇世紀前期の最初の非欧米型中進資本主義としての日本資本主義とも共通面とともに相違する面もある。こうした中進資本主義の段階的・類型的な概念規定を行うことが今後の課題である。

（12）Michel Albert, *Capitalisme contre capitalisme*, Seuil, 1991（久水宏之監修、小池はるみ訳『資本主義対資本主義』竹内書店新社、一九九二年）、今井賢一『資本主義のシステム間競争』筑摩書房、一九九二年、Lester Thurow, *Head to Head*, 1992（土屋尚彦訳『大接戦』講談社、一九九二年）参照。

（13）こうした認識の相違を克服することは、自覚的努力を要する。この点について参考になると思われる研究として、

Mattei Dogan et Dominique Pelassy, *Sociologie politique comparative: Problèmes et perspectives*, Economica, 1981（桜井陽二訳『比較政治社会学――いかに諸国を比較するか』芦書房、一九八三年）。

(14) 浜下武志・川勝平太編『アジア交易圏と日本工業化――一五〇〇―一九〇〇』リブロポート、一九九一年、浜下武志『近代中国の国際的契機――朝貢貿易システムと近代アジア』東京大学出版会、一九九〇年、参照。このことは日本の明治維新以後の資本主義経済の形成にも大きな影響を及ぼしている。この点は、川勝平太「日本産業革命のアジア史的位置――綿業を事例とした覚書き」早稲田大学『政治経済学雑誌』二九七・二九八合併号、一九八八年四月、籠谷直人「一八八〇年代のアジアからの〝衝撃〟と日本の反応――中国貿易商人の動きを注目して」『歴史学研究』六〇八号、一九九〇年八月、参照。

(15) 杉本昭七氏も、従来の研究では、先進資本主義国と開発途上国との関係について、もっぱら支配・従属の面の分析がなされても、途上国経済の先進国経済への包摂の面についての分析が軽視されてきたとされている。私の観点とは異なる点もあるが、基本的な見方では一致している（杉本昭七編著『現代世界経済の転換と融合』同文舘、一九九三年、序章）。

(16) マルクスもアメリカ合州国のこの特徴をとらえて、「近代植民理論」（『資本論』第一部七編二五章）のなかで、「ここで問題にするのは、真の意味の植民地、すなわち自由な移住者によって植民される処女地である。合州国は、経済的に言えば、今なおヨーロッパの植民地である。奴隷制度の廃止によって事情がまったく変わった古い栽培植民地もこの部類にはいる」と言っている。マルクスが「真の意味の植民地」、つまり経済的性格（世界市場における地位）における植民地としているのは、世界の五地域のうち④の地域であり、⑤は含んでいないのである。

(17) A. G. Kenwood & A. L. Lougheed, *The Growth of the International Economy, 1820–1960*, George Allen & Unwin Ltd., 1971（岡村邦輔ほか訳『国際経済の成長――一八二〇―一九六〇』文眞堂、一九七七年、改訂二版、一九八〇年、第五章による）。

(18) 同前、第三章。

(19) 同前、第二章。
(20) J. R. T. Hughes, *Industrialization and Economic History: Theses and Conjectures*, McGraw-Hill, 1970（角山栄ほか訳『世界経済史――工業化の現代史』マグロウヒル好学社、一九七七年、二一七―二一八ページ）。
(21) 同前、二七〇―二七一ページ。
(22) 幕末の開国から明治にかけて日本では万国公法と言われ、単なる国際法ではなく世界的規範として受け入れられた。一九世紀後半において日本はさきの非欧米地域（⑤の地域）のなかで唯一工業化に成功した特異な存在であったが、近代国際法に非常に忠実であった点でも非欧米地域のなかで特異である。それは欧米帝国主義の支配する世界のなかで近代国家を建設し、資本主義化を推進するためには、賢明なやり方であったが、それが成功したために、日本は欧米帝国主義に追随して東アジアを侵略した。そして、一九世紀帝国主義が後退期に入った二〇世紀に最後の帝国主義国となり、東アジアにおいて発展しつつあった民族運動と敵対し、さらに欧米帝国主義国とも対立して、敗北したのである。
(23) 私の経験であるが、以前（一九九一年頃）に日本・韓国・メキシコの近代経済発展の比較研究をしようと、メキシコの研究者にもちかけたことがある。私は非欧米的工業化の国際比較の三国の研究者による協同研究として提案したのであるが、そのメキシコの研究者に「メキシコの研究者はメキシコは非欧米ではなくヨーロッパであると考えている」と言われてびっくりした。
(24) イギリスがこれらの地域に自治を認めたのは、軍事費などの植民地経営の費用を植民地に負担させる目的もあった。
(25) A・G・ケンウッド、A・L・ロッキード、前掲訳書、五九ページ。
(26) 松井芳郎「近代日本と国際法(上)(下)」『科学と思想』一三、一四号、一九七四年七月、一〇月。筒井若水「国際法における文明の地位」『国際法外交雑誌』六六巻五号、一九六八年二月、太寿堂鼎「国際法上の先占について――その歴史的研究」京都大学『法学論叢』六一巻二号、一九五五年六月、参照。
(27) A・G・ケンウッド、A・L・ロッキード、前掲訳書、一三―一五ページ。

(28) 国際ドルとは、各国の実際の購買力を反映するように修正された米ドルである。

(29) Angus Maddison, *The World Economy in 20th Century*, OECD, 1986（金森久雄監訳『二〇世紀の世界経済』東洋経済新報社、一九九〇年、一四ページ、表1・3）。

(30) Robert Gilpin, *The Political Economy of International Relations*, Princeton University Press, 1987（佐藤誠三郎・竹内透監修、大蔵省世界システム研究会訳『世界システムの政治経済学』東洋経済新報社、一九九〇年、一三七―一四〇ページ）参照。

(31) Walt Whitman Rostow, *The World Economy*, University of Texas Press, 1978（坂本二郎・内藤能房・足立文彦訳『大転換の時代』上・下、ダイヤモンド社、一九八二年、八八ページ、第2-7表）。

(32) A・マディソン、前掲訳書、三四ページ、表3-1。

(33) S. Kuznets, *Economic Growth of Nations: Total Output and Production Statistics*, Harvard University Press, 1971（西川俊作・戸田泰訳『諸国民の経済成長――総生産高および生産構造』ダイヤモンド社、一九七九年、三二―三四ページ）。

(34) A・マディソン、前掲訳書。一五ヵ国はアルゼンチン、ブラジル、チリ、コロンビア、ペルーのラテンアメリカ六ヵ国、バングラデシュ、インド、パキスタン、インドネシア、フィリピン、タイ、中国、韓国、台湾のアジア九ヵ国。なお、三二ヵ国は、OECD一六ヵ国、開発途上国一五ヵ国とソ連である。

(35) Carlos Ominami, *Le tiers monde dans la crise: Essai sur les transformations récentes des rapports Nord-Sud*, La Découverts, 1986（奥村和久訳『第三世界のレギュラシオン理論――世界経済と南北問題』大村書店、一九九一年、二六二ページ）。C・オミナミはチリ経済省長官。

(36) 世界貿易における開発途上国からの農産物輸出の停滞は先進諸国の農業保護政策ばかりでなく、先進諸国の生活水準の向上にともなって多くの農産物に対する消費者需要の所得弾力性が低下する傾向にあること、化学工業の発達による天然原料の合成原料への代替等の原因がある。

(37) 一九世紀から二〇世紀初めにかけて、農産物輸出主導による輸入代替工業化が行われたのはアメリカを含むヨーロッパ人の新入植地である。日本の工業化のタイプとは異なる。

(38) 金早雪「ガット体制の検証」信州大学経済学部『Staff Paper Series』一九九四年四月。ウェーバーはGATT二五条で締結国の投票の三分の二以上の多数で、かつ締結国の過半数の承認によって締結国に課される義務を免除することができると規定した条項である。

(39) 平川均『NIES――世界システムと開発』同文舘、一九九二年、第六章、参照。

(40) A・マディソン、前掲訳書、一一三ページ。

(41) 平川均、前掲書、第四章、第五章、参照。

(42) ただし、この傾向は、二〇世紀資本主義体制下でのことであり、今後も続くとはかぎらない。一九九〇年代に入って、中国は本格的に世界市場に組み入れられ、ベトナム、ミャンマー、インドが続いて世界市場に参入しつつある。また、旧ソ連諸国、東ヨーロッパも社会主義から資本主義に転換し、世界市場に組み入れられつつある。これら諸国の人口は世界人口の約半分を占めており、現在、世界市場の主要な構成国である米欧日の先進資本主義国、NIEs、ASEAN諸国、ラテンアメリカの総人口の約三倍である。そしてこれらの諸国のめざしているのも資本主義的工業化である。

すでに、現在においてNIEs、ASEANの工業製品の先進国向け輸出のために、先進資本主義諸国の国内産業にかなりの影響が出てきている。たとえば、先進諸国の失業率は平均八%、西ヨーロッパは一一・五%に達している(北米七・三%、日本二・五%)(ILO『世界労働報告』一九九四年版)。これは一九九二・九三年の数値であり、現在はさらに高率になっている。そのために、先進資本主義諸国やその労働団体が労働者の権利保護を目的として、NIEs、ASEAN諸国、中国の労働条件を問題にしており、他方、中国、ASEAN諸国はそれは先進諸国が自国市場への参入を制限することを目的としているものであるとして、両者の対立が深まりつつある。

今後さらに、中国、インド、ベトナム、ミャンマー、旧ソ連諸国、東ヨーロッパの工業化が進展し、労働集約的工業製品をさらに大量に先進諸国に輸出することになると思われるが、そうなれば、工業部門の国際競争はますます激化していくことになる。このような傾向からすれば、二一世紀資本主義体制のもとでは、もはや現在のような、工業化による周辺部から中心部への参入はありえなくなるであろうし、中心部のあり方自体も大きく変化することにならざるをえない。

(43) 近・現代における農業の小経営的発展については、中村哲『近代世界史像の再構成――東アジアの視点から』青木書店、一九九一年、第六章、参照。

(44)(45) 同前、参照。

(46) 北原淳『開発と農業――東南アジアの資本主義化』世界思想社、一九八五年、第二章、参照。

(47) ただし、地主・小作農の対立が激しく、小作農の組織的な力が地主勢力を圧倒した場合に、最も徹底した改革が行われるとはかぎらない。日本において農地改革が最も順調に、しかも徹底して行われたのは先進地帯であるが、そこではすでに一九二〇年代に小作争議を経験し、地主制は衰退してきており、農地改革を行う社会的ルールが形成されていたために地主の抵抗は社会的に制約され、小作農も農民組合を結成して地主に対抗する必要性は少なかった。逆に、東北地方などの後進地帯において農地改革をめぐる地主と小作農の対立は激しかったが、改革の徹底度は先進地帯に及ばなかったのである（庄司俊作『近代日本農村社会の展開』ミネルヴァ書房、一九九一年、とくに終章、参照）。階級対立や階級闘争の表面的な激しさではなく、その内容・形態と社会的・経済的諸条件との関連を総体的にとらえる必要があるのである。

(48) 中西徹『スラムの経済学――フィリピンにおける都市インフォーマル部門』東京大学出版会、一九九一年、参照。マニラのスラムに住み込んで実態調査を行った中西氏の研究では、都市インフォーマル部門の労働市場は分断され、パトロン＝クライアント関係によって支配され競争が阻害されている。その結果、低生産性、低賃金が固定化される傾向があるとされている。

(49) 代表的事例を一つあげておく。タイの繊維・既成服産業は代表的輸出産業であり、輸出総額に占める割合は、一九八三年一一・一%、八四年一二・三%、八五年一三・六%、八六年三七%と急増しているが、そのうち既製服が三分の二を占めている。

「一九八〇年代後半の輸出ブームにのって、インフォーマル・セクターの労働力を使用する下請け企業で非常に成功したケースは、輸出用とフォーマル・セクターである商社に向けた衣類を縫製した小さな縫製業の店である。一九八六／八七年ころ、タイは既製服の主要な輸出国となった。既成服産業の生産システムは、ほとんどすべて下請けに基づいている。縫製品の輸出業者は、海外買手の注文に応じ、デザインや他の規格に合意する。そして小規模縫製業者へ注文を出し、下請け契約をする。需要が多いときには、縫製業者がさらに小さい業者へ下請けに出す。近年では、バンコクでの費用高を回避するために、バンコクの輸出業者と大規模下請け業者は、地方の都市部や北部、東北地方の村に仕事を出し始めた。

縫製品の輸出のブームにのって、国内での既成品の需要も高まってきた。類似した下請けシステムが国内需要に見合うように操業している。現在では、地元、バンコク、インドシナからの需要を満たすため、下請けシステムの下で製造する確立した縫製業が存在する。同時に輸出、国内消費指向の縫製業部門は、五〇万人以上を下請けを通して、組織されたほとんどインフォーマルな契約の下で雇用している。

小規模な縫製業者が現在まで成功しているのは、賃労働者からスピンオフして小規模な生産者になるという企業家精神に基づいている。個人的関係に基づくインフォーマルな仕事の契約によって、ほとんどが農村から移動してきたばかりの女性を主に雇用する。……

店の主人は、労働者の多くを故郷の村から採用する。ほとんどの労働者が主人と同じ店で食住をともにし、通勤している労働者は少数である。仕事の契約は非公式である。きちんと決まった就労時間も休憩時間もない。労働者は、需要が高いときは一日に一五時間もの長時間働く。しかし、不況のときには全然仕事がない」（パスク・ポンパイチット「タイにおける都市インフォーマル・セクター――概観」パスク・ポンパイチット／糸賀滋編著『タイの経済発展とインフォーマル・セクター』アジア経済研究所、一九九三年、所収、一六―一七ページ）。

既成服産業の構造のより具体的なあり方については、ヴォラヴイット・チャロンリット「個人店舗既製服産業――バンコクにおけるインフォーマル・セクターのケース・スタディ」（同前所収）参照。それによると、雇主の店で働いているのは見習い（未経験者で期間は八―九ヵ月）、お針子であり、その他にお針子から独立して出来高払いの家内労働者になった者が多数存在する。この独立したお針子のなかからさらに経験をつみ、資金をたくわえて新しく店主となる者が輩出するのである。

(50) 日本の都市スラム研究には、日本資本主義の後発性・非欧米的性格という客観的条件と研究者の西ヨーロッパ中心的意識・過度の日本後進性意識という主観的条件とが作用している。後進性意識が研究のバネになっている点は評価されるが、その一面性に注意して利用する必要がある。

(51) 日本資本主義における都市スラム、都市下層社会の調査・研究は横山源之助の名著『日本の下層社会』（一八九八年刊）以来一世紀の伝統があるが、最近のすぐれた研究としては、中川清『日本の都市下層』勁草書房、一九八五年、杉原薫・玉井金五編著『大正　大阪　スラム』新評論、一九八六年、布川弘『神戸における都市「下層社会」の形成と構造』兵庫部落問題研究所、一九九三年、がある。

なお、日本においては、大都市における賃労働者の賃金や生活水準は明治末・大正初めまで都市下層民と変わらない状態であった。現代の開発途上国との差異は、都市インフォーマル部門にあるのではなく、現代の開発途上国ではフォーマル部門の賃金水準がインフォーマル部門よりも格段に高く、インフォーマル部門の労働者がフォーマル部門に参入することが極めて困難である点にある。日本の資本主義化においては、大企業労働者の賃金は都市下層民と変わらない低賃金であり、都市下層民の大企業の労働者へのコースは、現在の開発途上国にくらべてはるかに広かったのである。

(52) 日本が幕末開港以前に、初期資本主義的経済が形成されていたことが、アジアにおける最初の近代革命である明治維新を行い、急速な資本主義的工業化に成功した歴史的前提であった。なお、初期資本主義とはかつてマニュファクチュア段階と言われ、最近プロト工業化と言われるものにだいたい相当する。世界のなかで初期資本主義段階をもったのは、西ヨーロッパ、アメリカ東部と日本だけであったと思われる。こうした点については、中村哲『日本初期資本主義史論』ミネルヴァ書房、一九九一年、同『明治維新の基礎構造』未来社、一九六八年、第五章、参照。

(53) 日本における都市中小工業の歴史的研究は、最近著しく進んできた。その代表的なものとしては、竹内常善氏の一連の研究（まだ、単著としてまとめられていない。唯一の単著は、*The Role of Labour-Intensive Sectors in Japanese Industrialization*, The United Nations University, 1991である）、黄完晟『日本都市中小工業史』臨川書店、一九九二年、があげられよう。また、最近の研究にもとづいて、日本の資本主義的工業化における中小工業の役割や存在形態について一般化を試みたものとしては、中村哲「日本の資本主義化と中小工業」（後藤靖編著『近代日本社会と思想』吉川弘文館、一九九二年――本書第三章）、参照。

(54) 凃照彦・北原淳編著『アジアＮＩＥｓと第三世界の発展』有信堂、一九九一年、第一章、参照。

(55) 開発独裁という表現は、欧米先進資本主義国の民主主義体制という表現と対照的な側面をもっている。つまり、欧米から見て、遅れた野蛮な政治体制であるという価値的要素を含んでいる。

(56) Harry T. Oshima, *Economic Grouth in Monsoon Asia: A Comparative Survey*, University of Tokyo Press, 1987（渡辺利夫・小浜祐久監訳『モンスーンアジアの経済発展』勁草書房、一九八九年）参照。

第五章　二〇世紀資本主義から二一世紀資本主義へ

はじめに

二〇世紀末の現在、世界は大きく変わりつつある。それはさしあたり二〇世紀資本主義から二一世紀資本主義への移行期であるといえよう。社会主義の崩壊、アメリカの覇権の動揺、日本を含む東アジアの経済的台頭、そして東ヨーロッパの資本主義化、インドの経済発展の開始、ラテンアメリカ経済も長い停滞期が終わり、発展を再開した。これらの変化は二〇世紀資本主義が終わりに近づき、二一世紀資本主義への移行過程に入ったことを示している。本章はこのような考え方に立って、二〇世紀を振り返り二一世紀を展望してみようとする試みの一部である。

第一節　現代の歴史的位置

——二〇世紀資本主義から二一世紀資本主義への移行期——

まず二〇世紀資本主義を歴史的に位置づけるために、世界資本主義の時期区分を考える。従来、世界資本主義の時期区分として、重商主義（一七・一八世紀）、自由主義（一九世紀）、帝国主義（二〇世紀）、あるいは商業資本主義（一六―一八世紀）、産業資本主義（一九世紀）、金融資本主義（独占資本主義）（二〇世紀）などの区分が行われてきた。しかし、こうした時期区分はだいたいにおいて、二〇世紀はじめ、本章の視点からすると、一九世紀資本主義から二〇世紀資本主義への移行期に行われた時期区分である。現在を二〇世紀資本主義から二一世紀資本主義への移行期と考える立場からすると、こうした時期区分はすでに有効でなくなっている。もう一つ、こうした時期区分は欧米中心・欧米主体の区分であって、非欧米諸国・諸地域――アジア、アフリカ、ラテンアメリカはそのなかに主体として位置づけられていない。植民地、従属国として、欧米に支配される存在としてしか含まれていないのである。現在の時点に立った、非欧米諸国・諸地域をも主体として組み入れた世界資本主義の段階論を理論化する必要がある。ここでその段階論を提示することはできないが、一つの考え方の概略を述べておく。

第一段階――一九世紀資本主義

イギリス産業革命を起点とし、政治的にはナポレオン戦争が終結した一八一五年を起点とする。一九世紀中期には西ヨーロッパ大陸部のオランダ、ベルギー、フランス、ドイツが資本主義化（中進資本主義）し、アメリカも一応資本主義国になった。一九世紀後半、東アジアは欧米列強の本格的進出によって、植民地化されるか、不平等条約を強制されて従属国となった。すでに西アジアの植民地化は進んでおり、アフリカの植民地化も進みつつあった。一九世紀中期には、一応地球的規模で資本主義体制が成立したといえる。

一応という意味は、一つには一国規模で資本主義化したのは、イギリスをはじめとする西ヨーロッパとアメリカだけであり、アジア、アフリカ、ラテンアメリカという世界の大部分の地域は、貿易を通じてそれら資本主義国に経済的に従属しただけであるということであり、二つには資本主義の生産力がまだそれほど発達していないために、経済力だけではアジア、アフリカの広大な地域を支配できず、植民地化し、あるいは不平等条約を強制し、直接・間接に政治的に支配することが必要であったということである。それを正当化する国際的ルールが一九世紀国際法であった。地球的規模ではじめて資本主義体制が支配的になったという意味で世界資本主義の第一段階であるといえる。

資本主義的企業も小規模なものが圧倒的で、個人経営かパートナーシップであり、株式会社は製造業にはほとんどなかった。イギリスにおいても、一八五一年に機械化された工業部門の労働者一七五万人、主要な機械化されていない部門の雇用五五〇万人と推計されており[1]、機械制大工業は量的にはまだ生産の一部を占めるにすぎなかった。その機械制大工業で使われている機械も木製の部分のある精度の低いもので、労働者の手工的熟練や力を必要とした。大工業でも企業は労働者を直接管理できず、職長（親方職工）を通じて間接的に管理したにすぎず、熟練工がその下にいる非熟練工を雇用する間接雇用制も多かった。

第二段階——一九世紀資本主義から二〇世紀資本主義への移行期

一九一四年の第一次世界大戦の勃発から一九四五年の第二次世界大戦の終結まで、もう少し広くとれば、一九世紀末からとしてもよい。

一八七〇年代から重化学工業部門における技術革命によって、生産の自動化・大規模化が進んだ（第二次産業革命）。電動機の使用によって機械制大工業が飛躍的に発展し、とくに中小工場に普及した。生産様式としては重化学工業を中心として、規格品の大量生産体制、いわゆるアメリカンシステム（フォードシステム）の形成により、アメリカが優位に立った。しかし生産力の発展に消費が追いつかず、世界経済の不安定、一九世紀的世界市場の解体という条件も作用し、一九二九年の大恐慌が起こった。その経験からニューディール政策が開始され、アメリカの体制は二〇世紀資本主義に移行していく。しかしアメリカにおいて、その体制が本格的に成立してくるのは、第二次世界大戦の戦時経済であり、総力戦を戦うために民衆に譲歩しなければならず、労働組合の諸権利が認められた。レギュラシオン理論の資本と労働の「妥協」の成立である(2)。

世界市場の面では、国際金本位制が二〇世紀にはいると動揺し始め、第一次世界大戦の勃発により解体し、戦後に再建されたが、一九二九年恐慌により完全に崩壊した。世界市場の解体、ブロック経済化が進み、世界市場は急速に縮小した。帝国主義列強の対立が激化し、第二次世界大戦が開始される。

植民地・従属国においては、一九世紀末から民族主義が台頭し、独立運動が発展した。世界的に民族主義が力を持つようになり、とくに第一次世界大戦後、ウィルソン、レーニンの提唱により、民族自決の原則が国際的に認められ始めた。まず、第一次世界大戦後、東ヨーロッパ諸国が独立した。帝国主義国のなかにも自国の植民地に自治を認め、さらに独立を約束するところも出てきた。アメリカがその先頭を切り、フィリピンに自治を与え、独立を約束した。中国に対しても、国民政府の全国統一とともに、関税自主権の回復に応じ、三五年の幣制改革にも協力した。西ヨーロッパ諸国も二度の世界大戦によって弱体化し、総力戦に植民地を動員するためにも、植民地の要求をある程度認めざるをえなかった。そのなかには将来の独立を含む場合もあった。日本も一九四三年にビルマとフィリピンに独立を認め、一九四四年、インドネシアに対して将来の独立を約束した。二〇世紀前半期は帝国主義体制の解体期である。

なお従来、レーニン『帝国主義論』などによって、一九世紀末以後を資本主義の帝国主義段階とするのが一般的であったが、それは当時の世界認識として、資本主義は最高の発展段階に達し、その矛盾の発展が世界史の新しい段階である社会主義を生み出すという考えにもとづいていた。しかしそうではなく、この時期は帝国主義体制の解体期であり、二〇世紀資本主義という資本主義の新しい体制に転換する過渡期であった。たしかに当時、資本主義は危機的な状況にあったが、資本主義はその危機を克服し、さらに高度な発展を遂げた。その二〇世紀資本主義は植民地的・領土的支配なしに世界体制を維持できる資本主義であり、また民族主義の発展によって、道義的・イデオロギー的に植民地支配は困難になり、コストの面からも植民地の維持は利益でなくなった。したがって『帝国主義論』的世界認識は適切ではない。帝国主義という言葉がもつ本来の意味からも、世界資本主義の第一段階、つまり一応世界的に支配的な体制になったが、まだ未発達で植民地的・領土的支配をその支柱として必要とする一九世紀資本主義を、帝国主義的資本主義とするのが適当であろう。

第三段階——二〇世紀資本主義

第二次世界大戦が終わった一九四五年から一九九〇年頃の社会主義体制の崩壊（一九八九年、ベルリンの壁の崩壊、一九九〇年、東ドイツの西ドイツへの吸収合併、一九九一年、ソ連解体など）まで。政治的には、冷戦体制の時代である。アメリカだけでなく欧日においても、重化学工業を中心に大量生産体制（フォードシステム）が確立し、それを生産力的基礎にして、巨大資本＝独占資本が形成され、独占資本が支配的地位を占める経済体制が成立した。労働組合が公認され、その力が強まり、資本と労働の「妥協」によって賃金が大幅に上昇し、国内の所得格差は縮小し、大衆の大量消費が実現した。政治制度としては、大衆民主主義＝普通選挙による議会制民主主義となり、民衆の社会的諸権利もある程度認められ、福祉国家化が進んだ。

国際経済体制としては、いわゆるブレトンウッズ体制が成立した。一九三〇年代に多角的貿易・決済網が崩壊し、敵対的経済ブロック化が進んで、それが第二次世界大戦を引き起こしたという歴史的経験をふまえ、自由貿易を基調とする統一的世界市場を再建し、それを維持するための国際的制度・機関をつくった（IMF、GATT、IBRDなど）。

植民地体制は解体し、アジア、アフリカのほとんどの地域は政治的独立を勝ち取り、国際機関への加盟も実現した。国際的制度・機関はアメリカをはじめとする先進資本主義国を中心とするものであったが、副次的には開発途上国・新興独立国の利害も反映された。しかし先進資本主義の生産力も、一九世紀資本主義のそれよりははるかに高度化し、多国籍企業を中心として先進諸国の経済的結合は強まり、また開発途上国に対する先進国経済の浸透力も格段に強まった。一九世紀資本主義と比べると、はるかに発達した資本主義体制が成立したのである。一九世紀資本主義を帝国主義的資本主義と特徴づけるとすれば、二〇世紀資本主義は多国籍巨大企業資本主義と特徴づけることができる。

一方、社会主義（ここでは共産党一党独裁の中央指令計画経済と規定しておく）もソ連だけではなく、東ヨーロッパ、中国、ベトナム、北朝鮮、モンゴル、キューバなどに拡大し、一応世界的な体制になった。社会主義は、イデオロギー的には世界的に大きな力を持ったが、経済的には生産力の発展、政治的には民主主義に弱点があり、結局は行き詰まることになった。

もう一つは日本をはじめとする東アジアにおける資本主義の急速な発展である。まず一九五〇年代に日本の高度経済成長が開始され、六〇年代から韓国、台湾、シンガポール、香港のアジアNIEs、七〇年代、とくに八〇年代後半からASEAN諸国が高成長を遂げた。これら諸国は二〇世紀資本主義世界体制のもとで、自国に有利な国際的・国内的条件を生かして、経済成長し、資本主義化した。このうち日本はすでに二〇世紀はじめに資本主義国になっていたが、他の諸国は二〇世紀前半にはだいたいにおいて植民地であった。かつて植民地であった国が独立国となり、さらに資本主義国になったのは、世界資本主義の歴史において初めてのことであった。しかし、東アジア以外のアジアとアフリカは政治的には独立したが、経済的にはうまくいかなかった。

第四段階——二一世紀資本主義への移行期

一九九〇年代からおそらく二〇—三〇年間は続くであろう。さきにも述べたが、一九九〇年頃に社会主義体制が解体した。中国はすでに七八年末から改革・開放政策に転換し、やがてベトナムもそれに続いた。一九八九年に天安門事件が起こり、九二年の社会主義市場経済宣言で中国の資本主義化の方向が決定した。中国は多くの問題を抱えながらも、開発独裁型中進資本主義化の道を進んでいる[3]。先進国では福祉国家体制が行き詰まり、方向転換を模索している。経済のグローバル化・ボーダレス化が進み、国民国家の枠組みも動揺し始めた。情報化の進行によって知識集約型の産業が発達し（第三次産業革命）、先進国においては、従来型の製造業、規格品の大量生産型産業は衰退し、開発途上国に市場を奪われている。そのために先進国社会は二極化が進んでいる。知識集約型産業の発展と労働集約型産業の衰退であり、そのために社会は不安定化している。

世界的に国民国家のなかのエスニック集団の分離傾向、さらに独立運動も盛んになりつつある。経済のグローバル化・ボーダレス化によって、貿易、資本の自由化が進み、国民国家の統制力が弱まりつつある。ＥＵ、ＮＡＦＴＡ、ＡＳＥＡＮ、ＡＰＥＣ、メルコスルなどの地域経済圏形成の動きが進んでおり、国民国家の主権の一部委譲も始まっている。こうした現象を国民国家の「溶解」とする見解もあるが、現在でも国民国家は、最も強力な人間集団の枠組みであるから、国民国家の相対化といったほうが適当であろう。

要するに、両大戦間期に形成され始め、戦後に確立した二〇世紀資本主義の体制が解体し始め、同時に二〇世紀資本主義にはなかった新しい要素が形成され始めたのである。

第二節　本格的資本主義の世界化傾向

ここで本格的資本主義というのは、暫定的な命名であるが、簡単にいうと、一国単位で資本・賃労働関係が社会的に支配的になった状態をいう。支配的とは労働人口において、資本・賃労働関係に包摂されている人口が過半（五〇％以上）を占めるという意味で使う。経済的に一国において、資本主義が支配的になるとは、一般的には資本主義経済が付加価値額で過半を占める状態をいうが、その場合でも労働人口においては、非資本主義的関係が過半を占めることが多い。(4) 農業は工業、サービス業（第三次産業）に比べて生産性が低いために、付加価値額で資本主義が支配的になっても、労働力では資本主義が支配的にならない場合が多いのである。とくに後発資本主義国は先発国から技術を導入するので、農工間生産力格差が大きくなる傾向があり、また資本主義化の初期には農業・農村に過剰人口が滞留するために、農村・都市間、農・工間の所得格差が大きくなる。(5) 最近の東アジア諸国を一例として示しておく（表5・1）。国ごとに統計の精度・基準が異なるから個々の比較はできないが、いずれの国も国内総生産に占める比率は、製造業のほうが農業よりも大きいが、就業者に占める比率では、製造業のほうが大きいのは台湾、韓国、マレーシアだけであり、この三国も、農業は就業者に占める比率のほうが国内総生産に占める比率よりもはるかに大きい。

そこで、付加価値額では資本主義的関係が支配的であるから、その意味ではその国は資本主義化したといえるが、労働人口では非資本主義的関係のなかにいる人々のほうが多い国と区別して、資本主義が労働力においても、その過半を包摂した、その意味でより発達した資本主義国を本格的資本主義とするのである。(6)

表5・1　1993年の経済構造　（単位：%）

	韓　国	台　湾	タ　イ	インドネシア	マレーシア	フィリピン
生産構造						
農　業	7.1	3.5	11.9	18.4	15.8	21.7
製造業	27.0	31.6	28.3	22.4	30.1	23.8
就業構造						
農　業	14.8	11.5	60.7	52.0	21.4	15.8
製造業	23.9	28.4	11.1	10.6	24.0	10.0

（出所）　Asian Development Bank, *Key Indicators of Developing Asian and Pacific Countries,* 1996. 原洋之介『アジアダイナミズム』NTT出版，1996年，85ページ，第5表より引用。

1　世界経済の二〇世紀資本主義から二一世紀資本主義への移行

さきに触れたが、二〇世紀末の現在、世界は二一世紀資本主義への移行期に入っている。その変化の大きな特徴の一つは、世界経済の一体化・統合が急速に進んでいることである。いわゆる経済のグローバル化・ボーダレス化である。社会主義の崩壊、つまり、ソ連、東ヨーロッパの社会主義体制の解体と東ヨーロッパの西ヨーロッパおよびアメリカに従属する資本主義への転化、ソ連の解体とそれを構成していたロシアをはじめとする諸国の政治的・経済的混乱。また東アジアでは、中国、ベトナムの開放政策への転換と、共産党一党独裁を維持しながら中央指令型計画経済から資本主義経済に移行していく、いわゆる改革・開放路線――これは一種の開発独裁型資本主義への移行であり、世界資本主義体制に組み入れられる過程である。そうした社会主義体制の解体も世界経済の一体化・統合の一部であるし、最近のミャンマーの開放政策への転換やインドが世界市場へ本格的に参入を開始したのもその一部である。ラテンアメリカも政策転換をはかって、世界市場との結びつきを強化している。西アジア、アフリカにおいてもそのような動きがある。

ここで簡単に社会主義と資本主義の経済的定義をしておく。社会主義とは、生産手段の国有化と計画経済である。これは実際の歴史において存在した社会主義経済の基本的特徴である。マルクスなどの理論における社会主義経済の規定とは必ずしも一致しない。ソ連、東欧、中国、ベトナム、北朝鮮などの社会主義経済はこの定義以外の要素、たとえば市場経済や私的所有、場合によっては資本主義経済も存在したが、経済体制の中核は重要な生産手段の国有と計画経済であった。これらの社会主義経済を国家資本主義であるとする意見も有力であるが、計画経済と市場経済という経済の基本的タイプが異なる。これに対して、資本主義経済の基本的特徴は、市場経済を基礎にする労働力の商品化＝資本・賃労働関係と個別資本間の利潤獲得をめぐる競争である。

さて、こうした経済的・政治的変化を生み出した重要な条件の一つが日本をはじめとし、ＮＩＥｓ、ＡＳＥＡＮなど東アジアの経済発展である。東アジアの資本主義的経済発展は、欧米以外で本格的な資本主義が形成されたこと、しかもそれが一国だけではなく、多くの国を含む広域経済圏を形成し、その経済発展が極めて急速であったこと、などの点で世界史的に大きな意義をもっている。また日本についてみると、資本主義が高度に発達しながら、資本主義のタイプが欧米とはかなり異なることから資本主義の類型的な差異の重要性が明らかになってもきた。日本の高度経済成長（一九五五―七三年）は、このような世界経済の巨大な変化のスタートを切ったという世界史的意義をもつといえよう。

２　資本主義の成熟

一九六〇年代までに、本格的資本主義の段階に達し、また世界市場に深く参入したのは、米欧日の先進資本主義諸国を中心にした世界の人口の二割足らずの地域にすぎなかった。ところが一九九〇年代の現在、ＮＩＥｓ、ＡＳＥＡＮ諸国はもちろん、中国、インド、東ヨーロッパ諸国、ロシアなどの旧ソ連諸国、ラテンアメリカなどが世界市場に本格的に参入しつつある。二一世紀の比較的早い時期に、アフリカ、西アジアを除くこれらの世界の人口の約六〇％の地域が、世界市場の重要な構成員となり、国内的にも本格的資本主義国になることはほぼ確実であると思われる。これは世界史上画期的な事態である。そうすると世界の人口の約四分の三が本格的資本主義国になる。

資本主義経済は、一五世紀に西ヨーロッパにおいて形成され始めて以来、五〇〇―六〇〇年を経過している。イギリス産業革命からでも二〇〇年以上たっている。しかしつい最近まで、世界市場に本格的に参入し、国内的に本格的資本主義を成立させたのは、西ヨーロッパ、北アメリカなどと、せいぜい日本だけであり、世界の一部の人口・地域に限られていたのである。そこでつい最近、一九六〇年代までは、資本主義と市民社会の形成は西ヨーロッパに固有なものであり、アメリカ、カナダ、オーストラリア、ニュージーランドなどは、西ヨーロッパからの移民がつくった社会、いわば西ヨーロッパの分家である、わずかに、日本が例外で、それも遅れた要素をたくさん抱え、市民社会も未成熟な特殊な資本主義であるというような見方が多かった。現在ではそのような見方はかなり少なくなったが、なお根づよく残っている。

現在においては、後発国が資本主義化することは、以前よりはるかに容易になっている。従来は、たとえば帝国主義理論、従属理論、世界システム論あるいは西ヨーロッパ中心史観が考えてきたように、資本主義化は相当困難なことであった。現在では、資本はそれを誘引する条件があるところには、どこにでも移動するようになっており、資本にとって魅力のある条件を提示すれば、資本調達は容易である。技術移転も多国籍企業の世界的活動によって、高度な先端技術を除けば容易になった。一九世紀のように外国資本を導入しても、政治的独立を脅かされることもなくなった。

世界資本主義の発展によって、後発国の資本主義化は容易になったが、新しい問題が出てきた。現在進みつつある東アジアをはじめとするインド、ロシア、東ヨーロッパ、ラテンアメリカなどの資本主義化も、これまでの米欧日と同様に工業化を中心にしたものである。すでに現在、メガ・コンペティション、大競争の時代に入ったといわれるように、工業における国際競争は激化の一途をたどっている。日米経済摩擦は長期化し、多様化しているし、西ヨーロッパは日本をはじめとする東アジアからの工業製品の輸入が急増し、国内経済が圧迫されて、福祉国家を維持できなくなっている。ヨーロッパがＥＵによるヨーロッパ統一市場の形成とその深化を急いでいるのも、二一世紀に向けての必死の生き残り策である。アメリカは、日本、中国をはじめとする東アジアからの工業製品輸入の増加によって、規格品の大量生産型工業の国際競争力が失われており、そのために工業労働者の実質賃金は急速に低下しつつある。日本も東アジア諸国からの製品輸入が急増し、中小工業が危機に立っている。韓国の中小工業の状況は日本よりもさらに深刻である。現在のタイをはじめとする東南アジアの金融危機、通貨の動揺も、その基礎に中国の工業製品輸出との競争の激化がある。世界的に工業の生産過剰、デフレーションが起こっている。このような状況のなかで、今後さらに中国、インドの巨大人口国（両者で約二一億、世界人口の三分の一以上を占める）、それにロシア、東ヨーロッパなどの工業化が本格的に進むようになると、工業化を中心とする資本主義化という路線は、過当競争のために困難になると考えられる。

二〇世紀資本主義においては、後発国の経済的目標は工業化を中核とする経済開発であった。これは社会主義国にも共通していた。とくに二〇世紀後半には、ＩＭＦ・ＧＡＴＴ体制のもとで、米欧日の先進資本主義諸国が国内農業保護政策をとったために、開発途上国の農産物輸出は停滞的であった。一九世紀におけるように、開発途上国が農産物輸出主導による輸入代替工業化戦略をとることが、困難であるか不可能であった。そして労働集約的工業化に適した国内的条件（たとえば、比較的良質な――初等教育を受け、集団的な工場労働に慣れやすい

——労働力の豊富な存在）を備えた諸国が、先進国市場向けを中心とする輸出主導の工業化に成功して、ＮＩＥｓになった。しかし今後はそうした条件は、急速に失われていく可能性が大きい。後発国の目標であった工業化による資本主義化は容易になったが、そのもっていた意義は低下せざるをえず、後発国の開発戦略の転換も起こるであろう。

3　農業の停滞と危機

工業の世界的な大発展と裏腹に、世界の農業は停滞状態に陥っている。東アジアの農業は二〇世紀後半にも急速な発展を遂げ、それが東アジアの工業化を支える大きな条件であったが、最近は危機的な状況になっている。日本農業の危機が叫ばれて久しいし、最近の韓国農業は日本の状況よりさらに深刻である。中国農業も開放政策へ転換した直後には、人民公社を解体し小農経営を認めたことによって、急速な発展を遂げたが、八〇年代後半以後は停滞し、最近は農産物輸入国になった。東南アジア農業も急速に停滞色を濃くしている。

アフリカ、西アジアなど大部分の開発途上国は食糧の自給ができず、輸入に依存しており、一方、輸出能力のあるのはアメリカをはじめとして、カナダ、アルゼンチン、オーストラリア、ニュージーランドなど少数の国にすぎない。食糧輸出国は先進国が多く、輸入国は開発途上国が多いという状況であり、国別の農業生産力格差は、工業生産力格差以上に大きくなっている。

二一世紀には、世界的に農業問題が深刻になり、その解決が大きな課題になることは間違いない。その解決には、単に農業技術の改良だけでなく、農業政策の大転換が必要であるし、その転換も世界的な協調のもとに行わなければならなくなるであろう。それはまた、従来の工業化中心の開発政策の修正と結びついたものとならざるをえないであろう。

第三節　資本主義成熟の人類史的意味

さて、二一世紀には世界がほぼ資本主義によって覆い尽くされるようになるとすると、それは人類の未来にとって、どのような意味を持つことになるのであろうか。それは極めて複雑で、不確定な要素があまりにも多く、誰にもわからない。しかし極めて重要な問題でもある。ここでは、マルクスのいわゆる「史的唯物論の定式」を手がかりに問題のあり方を探り、つぎの第四節と五節で、現在起こっているいくつかの特徴的な事態を取り上げ、そこから二一世紀資本主義のありうる可能性を探ってみることにする。

1　マルクスのいわゆる「史的唯物論の定式」

一四〇年ほど前、マルクスは「経済学批判」の序言（一八五九年一月執筆）で有名な史的唯物論の定式といわれている文章を書いている。少し長くなるが引用する。

「人間は、彼らの生命の社会的生産において、一定の、必然的な、彼らの意志から独立した諸関係を、すなわち、彼らの物質的生産諸力の一定の発展段階に照応する生産諸関係を受け容れる。これらの生産諸関係の総体は、社会の経済的構造を形成する。これが実在的土台であり、その上に一つの法的かつ政治的な上部構造がそびえ立ち、そしてこの土台に一定の社会的意識諸形態が照応する。物質的生活の生産様式が、社会的〔social〕、政治的および精神的生活過程一般の条件を与える。人間の意識が彼らの存在を規定するのではなく、逆に彼らの社会的存在が彼らの意識を規定するのである。社会の物質的生産諸力は、その発展のある段階で、それらがそれまでその内部で運動してきた既存の生産諸関係と、あるいは同じことの法的表現にすぎないが、所有諸関係と矛盾するようになる。これらの諸関係は、生産諸力の発展諸形態からその桎梏に逆転する。そのときから社会革命の時期が始まる。経済的基礎の変化とともに、巨大な上部構造全体が、徐々にであれ急激にであれ、変革される。……（中略）……一つの社会構成は、それが十分包容しうる生産諸力がすべて発展しきるまでは、けっして没落するものではなく、新しい、さらに高度の生産諸関係は、その物質的存在条件が古い社会自体の胎内で孵化されおわるまでは、けっして古いものにとって代わることはない。それだから、人類はつねに、自分が解決しうる課題だけを自分に提起する。というのは、詳しく考察してみると、課題そのものが、その解決の物質的諸条件がすでに存在しているか、またはすくなくとも生成の過程にある場合にかぎって発生する、ということが、つねにわかるであろうから。大づかみにいって、アジア的、古典古代的、封建的および近代ブルジョア的生産様式を経済的社会構成が進歩していく諸時期としてあげることができる。ブルジョア的生産諸関係は、社会的生産過程の最後の敵対的形態である。敵対的というのは、個人的敵対という意味ではなく、諸個人の社会的生活諸条件から生じてくる敵対という意味である。しかしブルジョア社会の胎内で発展しつつある生産諸力は、同時にこの敵対の解決のための物質的諸条件をもつくりだす。したがって、この社会構成でもって人類社会の前史は終わる。」（マルクス『資本論草稿集』3、大月書店、一九八四年、二〇五―二〇六ページ）

生産諸力の発展に対応する生産諸関係、それを土台とする法律的・政治的上部構造、生産諸関係に対応する社会的意識諸形態について述べ、革命を生産諸力と生産諸関係の照応から矛盾への転換によって説明している。そのつぎに「一つの社会構成は、それが十分包容しうる生産諸力がすべて発展しきるまでは、けっして没落するものではなく、新しい、さらに高度の生産諸関係は、その物質的存在条件が古い社会自体の胎内で孵化されおわるまでは、けっして古いものにとって代わることはない」、と言っている。

マルクスは資本主義を革命しようと考えていたから、また、この時期にはまだ恐慌革命論であったから、早期に社会主義革命が起こることを期待していた。しかしそれは主観的希望で彼の理論からいっても無理であり、彼自身もまだ資本主義は世界的に発展過程にあるから、たとえ社会主義革命が起こっても勝利しないのではないかとも考えていた。実際の歴史は、彼が予想したように、資本主義はまだ未熟であったから、成熟に向かって今日まで発展してきた。

二一世紀には、資本主義的関係が世界的に、社会的に支配的な関係になるという意味で、成熟期を迎えることになる（世界資本主義の本格的資本主義の段階）。そうなるとマルクスが一四〇年前に述べた理論的命題が現実化する可能性が出てくる。マルクスの言い方では、資本主義社会は、その生産力が発展しきるまで発展すると、その後没落するのであるが。

それは資本主義のつぎのよりよい（資本主義とくらべて）社会が実現することになるのか、あるいは人類の滅亡という事態に至ってしまうのか、それは現在のところわからないが、いずれの可能性もあると思われる。ただし、従来考えられていたような社会主義ではないとはいえるであろう。われわれは人類の滅亡ではなく、よりよい社会実現の可能性を大きくしていくために、努力を傾けなければならない。

2　「史的唯物論の定式」の問題点

資本主義は前資本主義的生産関係とは異なり、そのなかに生産力の発展を内蔵している。このことは、マルクス自身もつねに強調していたことである。前資本主義的諸社会構成は生産力との照応関係から矛盾の関係に転換して没落した。もう少し説明すると、前近代においては、ある社会構成の内部に、新しい・異質の・より生産力の高い生産様式が発生し、発展していく。そしてその新しい生産様式が旧来の支配的な生産様式を圧倒して、その新しい生産様式を中心とする、新しい社会構成に転換するというあり方をとった。もっともマルクスは、生産力の発展による生産関係との照応から矛盾への転換を、もっと直接的に考えていたようである。つまりある特定の生産様式の内部における生産力と生産関係との関係である。(7) しかし、実際の歴史はそのようには展開してこなかった。

ともかく、マルクスも考えていたように、資本主義はその内部に生産力の発展を内蔵しており、資本主義的生産様式の外部に、それとは別の・より生産力的に高度の生産様式が形成され、それが発展して資本主義を圧倒するという、前近代における社会構成の転換と同じあり方をすることはないと思われる。資本主義的生産様式の内部で生産力の発展が続くからである。また、たとえマルクスの理論が正しいとしても、資本主義的生産様式の内部における生産力と生産関係の矛盾が激化して革命が起こる可能性も今後相当期間ないであろう。

もちろん、いわゆる「史的唯物論の定式」はそれだけを取り上げて云々することは、大変不十分であり、間違った理解を生むおそれも大きい。マルクスの考え全体のなかで理解しなければならないが、マルクスの理論を厳密に推し進めていくと、革命によって媒介される資本主義から社会主義への転換の必然性は出てこないように思われる。マルクスの考えを検討することは、別の機会に譲らざるをえない。ここでは問題として指摘するにとどめる。

3　二一世紀の見通し

さきにも述べたように、二一世紀の人類社会には二つの可能性があるのではないだろうか。一つは資本主義の生産力の発展によって、人類生存のための内的および外的自然条件が破壊されて、自然の一部としての人類の生存が不可能になり、滅亡する可能性である。マルクスの言い方を借りれば、人類の自然的・生物的側面と資本主義という社会的側面との関係が照応から矛盾へと転化する、この場合、資本主義的生産力の発展に歯止めがなければ、生物としての人類の生存はいずれ不可能になる。

もう一つの可能性は、資本主義からつぎの社会に移行することである。その移行のあり方は、これまでの歴史上の社会構成の移行とは異質であることは間違いないが、おそらくそれは、資本主義の発展のなかから、その内部的変質としてしか生じないのではないかと思われる。資本主義の外部に、資本主義より生産力的に優位の生産様式が成立し、発展するというような事態が起こる可能性がないことは、マルクスの理論のなかにも未展開の形で含まれていたし（マルクスの主観的希望には反していたが）、社会主義体制の崩壊という歴史的現実によっても一つの証明を得たのではないだろうか。マルクスの理論のなかにも資本主義の内部の変質によって、つぎの・よりよい社会が形成されるとしてもよい要素が含まれている(8)。

第四節　東アジアのなかの日本資本主義

さきに二一世紀資本主義への移行の条件の一つとして、日本をはじめとする東アジアの経済発展をあげた。日本の近代経済発展の研究は、これまで国内経済の研究が中心であり、国際関係は手薄であった。そして国際関係では、欧米との関係に重点が置かれる傾向があった。東アジアとの関係は政治史が中心であり、そのなかでも戦争・侵略・帝国主義的植民地支配といった対立面が中心であった。このような研究の傾向に影響を与えた条件には、いろいろな要素があるが、一つは日本が東アジア諸国を侵略したことに対する自責の感情があったし、もう一つは中国革命に対する共感があった。しかしその反対に、ヨーロッパ中心主義的な考えもはたらいていた。日本帝国主義のアジア侵略の研究は今後も重要であるが、それだけでは不十分であることも明らかである。また、かつて理想化して考えられていた中国革命の現実が今日ではかなり明らかになり、現在、中国ナショナリズムにも大きな問題があることが明らかになりつつある。もう一つの問題は東アジアの急速な経済発展に刺激されて、東アジア経済の研究が盛んであるが、その研究のなかに日本が含まれていないことが多いように思われることである。日本資本の東アジア進出とか日本経済の空洞化とか、個々的には含まれるが、日本経済全体を東アジア経済のなかでとらえる枠組みがない。日本を東アジアのなかに含めない場合も多い。このような現状からみて、近代の日本と東アジアとの関係を再検討することが必要であると思う。ここでは経済的側面について考えてみたい。

なお東アジアとは、中国、日本、韓国、北朝鮮、台湾などの東北アジアとＡＳＥＡＮ諸国などの東南アジアを含む地域とする。現在、東アジアの経済的・政治的情勢は非常に流動的なので、その地域の分け方や名称は多様化し、混乱も見られる。ここでは経済の面を中心にし、今後も東北アジアと東南アジアの経済的統合が進むと考えられることから、東アジアを両者を含む地域名称として使うことにする。

日本は東アジアで最初に工業化し、日本の工業化は他の東アジア諸国・諸地域に大きなインパクトを与えてきた。現在の東アジアの急速な経済発展も、日本からの生産財・資本財の輸入や技術導入、日本資本の進出、直接投資などによるところが大きい。このようなインパクトは、東アジア諸国・諸地域にとって、プラスに作用した面とマイナスに作用した面とがある。マイナスの例は、帝国主義的な侵略や植民地支配である。しかしプラスの面も多く、しかも多くの場合、両側面は結びついているのであるが、その両面性において、日本資本主義は東アジアに大きな影響を及ぼしてきたのである。

歴史的に見ると、東アジアは一九世紀後半から二〇世紀前半にかけて、植民地や従属国であった。その点は他のアジアやアフリカと同様であり、一応独立国であったラテンアメリカよりも国際的な地位は低かった。しかし他のアジア、アフリカ、ラテンアメリカと違って、本国を中心とする西ヨーロッパ、ついでアメリカ（ＵＳＡ）との経済的関係が強まっただけでなく、それ以上に東アジア域内の貿易を中心とする経済的関連が次第に強化されていった。その重要な条件は、日本資本主義の形成・発展であった。日本の工業化を主導力として、東アジア域内経済が形成・発展したのである。もちろん、東アジア地域の経済発展と域内経済圏の形成には、域内の条件としては日本資本主義の発展のほかに、域内各国の国内的条件、インド、中国の工業化、華僑、印僑の通商ネットワークの形成などが作用しており、それらの諸条件が相互連関しつつ東アジアの経済発展が実現したのである。(9) さらにその歴史的前提として、一六世紀以来の近世東アジアの経済発展と域内交易の形成がある。(10)

日本の高度経済成長に始まる東アジアの急速な経済発展・資本主義化と経済圏の形成、そしてそれが世界に大きなインパクトを与えている現状に立ってみると、日本資本主義のこの側面を歴史的に明らかにする必要がある。戦後これまでの日本帝国主義批判の立場からの歴史研究では、不十分な歴史的段階にわれわれは立っているのだと思う。

一方、近代における日本と他の東アジア諸国・諸地域との経済的関係は、日本が他の東アジアに対して影響を及ぼすだけではない。それは同時に、他の東アジアから日本が影響を受けるという相互的な関係である。これまではこの両面のうち、日本が他の東アジアに与えた影響のほうが相対的に大きかったが、今後はその逆の面、つまり他の東アジアから影響を受ける面が大きくなっていくであろう。

たとえば、日本は最近まで周辺に有力な工業国がなかったので、西ヨーロッパ、アメリカなどの他の先進資本主義諸国とは相当異なる産業構造をつくり上げた。その一つにフルセット主義がある。つまり自国が必要とする工業製品は、消費財から生産財、資本財まで、そのほとんどを自国で生産し、消費する、その消費を超える部分だけを輸出し、生産を超える部分だけを輸入するという構造である。そのために工業化が進むにつれて、工業製品輸入が少なくなり、輸入品の大部分が原材料と食糧品であるという貿易構造になっていく。高度経済成長期に典型的に成立した貿易構造であるが、この日本の貿易・国際分業のパターンは、日本が産業革命を経て資本主義化した二〇世紀初期から七〇—八〇年にわたって続いてきたパターンであり、とくに東アジアとの間ではそうであった[11]。

このような工業製品輸出、原材料・食糧輸入に偏寄した貿易構造をとったのは、欧米先進資本主義国のなかでも二〇世紀前半までのイギリスだけである。他の欧米諸国は一九・二〇世紀を通じて、工業製品輸入もかなりあり、食糧・原材料輸出もあるというパターンである。東アジアＮＩＥｓも工業製品を輸出するとともに、工業製品の輸入も多い。工業製品輸出、原材料・食糧輸入という貿易パターンを長期にわたって持続したのは、世界のなかでイギリスと日本だけなのである。現在、この日本の貿易パターンが急速に崩れつつある。一九八五年のプラザ合意以後の円高によって、日本の工業製品輸入が急増している。一九八〇年代前半までは、二〇—三〇％台であった工業製品輸入比率が現在では六〇％にまでなってきており（一九九六年五九・四％）、欧米ほどではないが、それに近づきつつある。これは海外に進出した日系企業の逆輸入もあるが、欧米やとくに東アジア諸国からの工業製品輸入が急増しているのである。そのために日本経済に大きな変化が起こっており、とくに伝統的に日本経済に大きな比重を占めてきた中小企業が危機に立っている。その危機のなかから新たな発展の要素（先端技術を導入した新製品開発や東アジア諸国・諸地域との国際分業の展開など）も生まれてきている。

第五節　二一世紀の可能性

第三節の最後で二一世紀の可能性について触れたが、ここでは現在起こり始めており、二一世紀に進展する可能性のある問題のうちのいくつかを取り上げることにする。もちろんほかにも重要な問題は多いがここでは触れない。

1　国家間の所得格差の縮小傾向

二一世紀の世界の課題の一つは、世界における所得格差の拡大をくい止め、縮小に転換させることである。現在、国単位で見た一人当たり所得格差は、為替相場による単純換算で最高と最低で五〇〇倍にものぼる。もちろん実質所得格差はこれより小さいが、五〇倍くらいになるのではないか。(12) 歴史的に見ると、イギリスを中心とする一九世紀資本主義が確立した一八七〇年頃には最高と最低の差は一五—二〇倍くらいであった。(13) さらにさかのぼって、産業革命前の一八世紀前期には三倍くらいだったのではないかと思われる。この数値自体はどのくらい正しいか問題であるが、ともかく一八世紀前期から今日まで二五〇—三〇〇年間にわたり、資本主義の発展とともに国単位で見た所得格差は拡大する一方であったのである。そして世界の所得上位国は一応推計の得られる過去一三〇年にわたり欧米が占め続けてきた（表5・2）。

ところが、一九七〇年頃から東アジアの急速な経済発展によって、米欧日の先進諸国と東アジア諸国との所得格差は縮小し始めた。すでにシンガポール、香港の一人当たり所得はイギリスを超えたし、台湾もそれに近づいており、二一世紀の初めには韓国も西ヨーロッパ・レベルに達するであろう。マレーシア、タイも先進国との所得格差は縮小傾向に入っており、実質所得で見れば中国もそうである。いずれ他のASEAN諸国、インドなどもそうなっていくであろう。東ヨーロッパ、ロシアやラテンアメリカもそれに加わるであろう。アフリカ、西アジアにはそうした兆候はいまのところ見られないが、世界人口の大部分を含む諸国において、国単位で見た一人当たり所得格差は拡大から縮小に転換し始めた可能性が大きいのである。

この傾向が今後も持続し、拡大していくのだろうか。それともこの傾向は一時的なものであり、国単位の所得格差は今

表5・2　世界の富裕国ベスト20（国民1人当たり）

順位	1870年	1988年（国内購買力ベース）	1988年（国外購買力ベース）
1	オーストラリア	アラブ首長国連邦	スイス
2	イギリス	アメリカ合州国	アイスランド
3	ベルギー	カナダ	日　本
4	スイス	スイス	ノルウェー
5	オランダ	ノルウェー	フィンランド
6	アメリカ合州国	ルクセンブルグ	スウェーデン
7	ニュージーランド	オーストラリア	デンマーク
8	デンマーク	アイスランド	アメリカ合州国
9	カナダ	クウェート	西ドイツ
10	フランス	スウェーデン	カナダ
11	アルゼンチン	西ドイツ	ルクセンブルグ
12	オーストリア	フィンランド	フランス
13	イタリア	日　本	オーストリア
14	ドイツ	フランス	アラブ首長国連邦
15	スペイン	デンマーク	オランダ
16	ノルウェー	イギリス	ベルギー
17	アイルランド	イタリア	イギリス
18	ポルトガル	ベルギー	イタリア
19	スウェーデン	オランダ	オーストラリア
20	チ　リ	オーストリア	ニュージーランド

（出所）　レスター・サロー『大接戦』講談社，1992年，280ページ，表5より引用。

後も拡大を続けるのだろうか。今後も所得格差の拡大が続けば、世界経済の統合・一体化がますます進むなかで、世界は不安定化し、混乱のなかに入っていくことになるだろう。もし国単位の所得格差が今後縮小していくのであれば、それは資本主義の歴史において画期的な事態であり、資本主義の性質の根本的な変化（内部的変質）の兆候の一つと見ることができるのではないだろうか。

どちらの可能性が強まるかは、東アジアをはじめとする後発資本主義国の経済発展のあり方に依存する。ポール・クルーグマンは、東アジアの経済成長は資本と労働の生産要素投入によるものであって、生産性向上によるものではなく、かつてのソ連の経済成長と同じパターンであり、いずれ行き詰まるという考えを提出して、大きな反響を起こした(14)。これは東南アジアについては事実のようである。歴史的に見ると、資本主義的発展の初期段階では生産性向上は小さいのが一般的であるから、今後東南アジアも成長パターンが変化し、生産性が向上していく可能性は十分あるが、最近の金融・通貨危機を見ても、従来のままの発展はすでに行き詰まっている。また、生産要素の多投は労働力の乱費であり、東アジアではすでに賃金が急上昇しており、労働力の多投による経済成長はまもなく限界に達する。一方、資本の多投は環境破壊を加速しつつある。それは人類の生存条件を悪化させるだけでなく、コストの面からも不利益性を急増させている。いずれにせよ東アジア経済が今後も成長を続けていくためには、成長パターンの転換が必要であり、それは二一世紀の世界の可能性を左右する条件の一つである。

2　国内の所得格差の拡大傾向

国単位の所得格差は縮小の可能性が出てきたが、国内の所得格差はその逆に拡大傾向にある。これは先進国、開発途上国のいずれにも起こっている。先進国では二〇世紀に国内の所得格差は縮小してきた。とくに二〇世紀後半には、その傾向が相当顕著であった。しかし、一九七〇年代にはまずアメリカで所得格差が拡大し始め、八〇年代からはヨーロッパで、さらに最近日本でも起こってきた。たとえば、アメリカでは一九八〇年代に、男性で勤労所得が増えたのは、所得上位二〇％の人だけであり、所得増加の六四％が上位一％に集中した。勤労所得以外の所得も含む全所得では、所得増の九〇％が上位一％に集中している。一九九三年には、アメリカの家計所得（共働きを含む）の上位二〇％の所得が、下位二〇％の一三・四倍となり、過去最高になった。一九七三―九三年に国民一人当たり実質ＧＤＰは二九％増えたが、労働者の実質賃金は低下しており、実質賃金が増えたのは労働者の上位二〇％だけである。下位二〇％はこの二〇年間に実質賃金が二三％も低下した[15]。先進国では、国際競争の激化のために、福祉国家を維持できなくなった。国内の所得格差の増大は、福祉国家の性格が最も弱かったアメリカで最初に始まったが、ヨーロッパにも広がり、日本にも及んできている。この傾向をくい止めることは二一世紀の大きな課題の一つである。

３　生産システムの変化

先進諸国において、一九七〇年代から、フォードシステムからコンピューターを導入したフレキシブルな生産体制への移行が始まった。その代表的なものがいわゆるトヨタシステムである。規格品の大量生産体制から多品種少量生産体制への変化であり、そのために労働過程は製品の変更に柔軟に対応できるように、労働者が分割された単純な労働をするのではなく、複数の異なる作業を行い、またそれができるように工場の現場を小集団を単位に編成する。生産設備も量産型の大型のものではなく、労働者が一人で操作できる小型なもので、装具の変更や操作の方法を変えることによって、製品の種類を増やすなどの特徴がある。それに部品供給にいわゆるジャストインタイムを導入して在庫を圧縮した。

このトヨタシステムは終身雇用や年功賃金、現場での教育・訓練（ＯＪＴ）などのいわゆる日本的経営と結びついて成立し、日本の製造業の国際競争力が著しく強化された。このシステムはアメリカの自動車産業にも取り入れられ（全面的ではないが）、韓国、台湾では相当普及し、東南アジアにも日本企業を中心にして普及しつつある。わたしは一九九五・九六年にドイツの企業を四〇ばかり見て回ったが、化学工業を除いて、とくに自動車をはじめとする加工・組立型産業ではフレキシブルあるいはリーン生産方式を急速に取り入れつつある。ジャストインタイムはほとんどの大企業が取り入れており、ほとんど例外なく成功している。また提案、改善という言葉はドイツ語となり、労働者の自発性をいかにして引き出すかに努力している。チーム制の導入にも熱心である。ドイツの書店の経営学のコーナーにはチーム制に関する本が並んでいる。経営者は、国際競争の激化のなかで生き残るために必死であり、労働者側もかなり柔軟に対応しており、現場労働者はかなり積極的であるようである。トヨタシステムはかなり世界的普遍性を持つと見てよいようである。もちろん日本的経営、トヨタシステムがそのままの形で世界に普及していくことはありえない。企業、生産システムは、社会のなかでその一部として活動しているのであり、日本的経営、トヨタシステムも日本以外の社会のなかで効率的に活動するためには、その社会に適合するように変形される。そのために効率性が低下することもあり、また社会のあり方によって適合度が異なり、効率性も異なる。

トヨタシステムとフォードシステムの違いは労働者の技能の重要性にあるが、歴史的に見ると、産業革命以来労働者の技能は機械に吸収・体化されてゆき、労働は単純化・単調化の方向に発展してきた。二〇世紀のアメリカ的大量生産システム＝フォードシステムは労働者に対して、高賃金と引き替えに上からの指令に一方的に従って、単純・無内容な労働を行うことを押しつけた。それにくらべるとトヨタシステムのほうが人間労働のあり方から見ても優れているといえる。トヨタシステムにも欠点が多いことは明らかであるが(16)、資本主義的生産における労働のあり方が非人間化の方向に進んできたのが、逆転する可能性が出てきたのではないだろうか。二一世紀の生産システムの発展の方向を示しているように思われる。

4　中小工業の変化

生産において、大企業体制と並んで重要なのは中小企業である。日本は伝統的に中小工業の比重が高く、その能力も高いが、経済のグローバル化・国際化のなかで、中小工業の再編成が急速に進んでいる。従来型の中小工業の多くが危機に立っているなかで、手工的技術・技能と先端的技術とを結びつけて、高品質の製品をつくり出して発展しているところも多い。世界的に見ても、多様性をもち高級感があって、文化的な、あるいは伝統的な要素を含んだ製品の生産が伸びている。製造業も知的高度化の方向に発展しているのである(17)。

5　非営利経済の拡大

製造業におけるこのような変化と関連すると思われるのは、米欧日の先進諸国において文化的・福祉的活動を中心として、非営利組織が急速に発展していることである。一九九四年に非営利団体が経済に占める比重は、アメリカが雇用の六・八%、GDPの六・三%、イギリス、ドイツ、フランスは三—五%、日本は二・五%、三・二%である(18)。経済の進化とともに、営利経済に対する非営利経済の比重が高まる傾向がある(19)。また、非営利組織は社会運動と結びついていることが多く、社会運動の発展によって非営利組織が生まれ、発展していく。日本でも一九九五年の神戸の震災で一挙にボランティア活動が活発になったが、世界的にも環境保護や難民救助などの問題では、NGOが政府機関よりも中心になってきている。こうした動きも二一世紀に向けた重要な変化であろう。成熟した資本主義の内部変化の始まりを示す事態なのではないだろうか。

思いつくままに二一世紀につながっていく可能性のある経済的・社会的変化のいくつかについて述べた。現在、世界においてさまざまな変化が起こっており、そうした変化が二一世紀の社会を規定していくことになる。そうした流れを正確に分析し、いろいろな可能性のなかで、主体的によりよい選択をしていくことが重要であり、現在はそれが可能な歴史的段階にあると思われる。

註

(1) J・D・チェンバーズ著、宮崎・米川訳『世界の工場――イギリス経済史一八二〇―一八八〇』岩波書店、一九六六年、二三ページ。

(2) レギュラシオン理論のアウトラインについては、ロベール・ボワイエ著、山田鋭夫訳『レギュラシオン理論』新評論、一九八九年、ミシェル・アグリエッタ著、若森・山田・太田・海老塚訳『資本主義のレギュラシオン理論』大村書店、一九八九年、参照。

(3) 中国は、すでに一九三〇年代に国民政府のもとで、開発独裁型の中進資本主義化を開始し、日中戦争で戦時国家資本主義化し、日本の敗戦によって日本政府、日本人の資産を接収して国家資本がさらに肥大化し、国共内戦に勝利した共産党がそれを受け継いで国家社会主義を建設した。一種の戦時体制である。一九七八年末から再び開放政策に転換し、開発独裁型中進資本主義への移行を開始した。一九三〇年代と一九九〇年代とでは世界の環境が大きく変化しており、中進資本主義の内容も変化しているが、共産党支配下において人民公社を組織したことは中国の資本主義化の基礎条件を強化したという意義をもったと思われる。このことは現在、郷鎮企業が発展し、中国経済を支えていることからもわかるであろう。郷鎮企業の起源は人民公社の生産大隊である。

（４）一国単位で資本主義が支配的になるという規定にはほかにもいろいろある。たとえば、生産力的優位をもつ資本主義が経済政策・流通・金融などを媒介として他の生産関係に規定的な影響を及ぼす、あるいは全般的過剰生産恐慌の発生（一九世紀資本主義の場合）など。

（５）これはかつての日本資本主義論争において、半封建的地主制が農業を支配しており、それに規定されて日本資本主義が奇形的な形態をとるといわれた事態である。これは資本主義化の初期段階においては一般的な事態であり、それを世界的に特殊としたのは誤りである。しかし当時においてそのような事態に注目したことは評価すべきである。

（６）かつて私は「近代世界史像の再検討」（『歴史評論』四〇四号、一九八三年一二月、『近代世界史像の再構成――東アジアの視点から』青木書店、一九九一年、所収）、で、世界資本主義の内部における先進資本主義、中進資本主義の概念を立てたことがある。ここでの本格的資本主義はそれと関連させれば、先進資本主義と中進資本主義の中間段階である。しかし本格的資本主義とは暫定的な命名であって、概念になっていない。この点は今後検討しなければならない。

（７）たとえばつぎのマルクスの文章を見よ。

「富の一切の条件は、また富の再生産のための最大の諸条件、すなわち社会的な個人の豊かな発展は、――これらのものは、資本そのものによって資本の歴史的発展のなかでもたらされた生産諸力の発展がある一定の点にまで達すると、資本の自己増殖を措定するのではなく、それを止揚する、ということである。生産諸力の発展が、ある一定の点を越えると、資本にとっての制限となり、したがって、資本関係が労働の生産諸力の発展にとっての制限となるのである。この点に達すると、資本、すなわち賃労働は、社会的富と生産諸力との発展にたいして、同業組合制度、農奴制、奴隷制がはいったのと同じ関係にはいり、そして桎梏として必然的に脱ぎ捨てられる。それとともに、一方の側では賃労働という、他方の側では資本という、人間の活動がとる最後の隷属姿態が脱ぎ捨てられるのであって、この脱皮それ自体が、資本に照応する生産様式の結果である。賃労働と資本は、それ自身すでに、それ以前の、自由でない社会的生産の諸形態の否定であるが、この賃労働と資本との否定の物質的諸条件および精神的諸条件は、それ自身が、資本の生産過程の結果なのである。もろもろの尖鋭な矛盾、恐慌、痙攣において、社会の生産的な発展が社会の従来の生産諸関係とますます適合しなくなっていることが表現される。資本にとって外的な諸関係によるのではなくて、資本の自己維持の条件である、資本の強力的な破壊は、去って社会的生産のより高い段階に席を譲れ、という忠告が資本に与えられるさいの最も痛烈な形態である」(マルクス『資本論草稿集2　経済学批判要綱』第二分冊、大月書店、一九九三年、五五八―五五九ページ)

資本主義も前近代的諸関係もその内部における生産力と生産関係が矛盾関係になると、生産関係が生産力にとって桎梏になり、生産関係が廃棄されるとマルクスは考えていたのである。

(8) この点は、マルクスの理論を検討する別稿で行う予定である。

(9) この点は、杉原薫『アジア間貿易の形成と構造』ミネルヴァ書房、一九九六年、および中村哲「二〇世紀初―三〇年代の東アジアと日本資本主義」『立命館大学言語文化研究』九巻五・六合併号、一九九八年三月(本書第二章)を参照。

(10) この点については、浜下武志・川勝平太編著『アジア交易圏と日本工業化――一五〇〇―一九〇〇』リブロポート、一九九一年、浜下武志『近代中国の国際的契機』東京大学出版会、一九九〇年、同『朝貢システムと近代アジア』岩波書店、一九九七年、参照。

(11) A・G・ケンウッド、A・L・ロッキード著、岡村・岩城・飯沼・長谷川訳『国際経済の成長――一八二〇―一九六〇』文眞堂、一九七七年、高良倉成「貿易類型からみた従属的経済」『アジア経済』三五巻六号、一九九四年六月、参照。

(12) 世界銀行の一九九七年版『世界開発報告』では、一九九五年の国単位の一人当たり国民所得は、最高スイス四万六三〇ドル、最低モザンビーク八〇ドルで五〇八倍、国際ドル表示(購買力平価)では最高アメリカ合州国二万六九八〇ドル、最低エチオピア四五〇ドルで六〇倍である。なお、日本は三万九六四〇ドルでスイスについで二位、国際ドル表示では二万二一一〇ドルで六位となっている。

(13) 一八七〇年における一人当たり所得は、推計によって先進国はほぼわかるが、アジア、アフリカ、ラテンアメリカについては推計のある国は少ない。当時国単位で一人当たり国民所得が最も高かったのはイギリスであるが、当時の日本の一人当たり国民所得はイギリスの八―九分の一であった。日本は世界のなかでもかなり低所得国であったから、世界のなかで国単位で一人当たり所得が最も低い国はおそらく日本の二分の一ないし三分の一程度であろう（中村哲『明治維新』集英社、一九九二年、一三四ページの表を参照）。

(14) ポール・クルーグマン「アジアの奇跡という幻想」同著、山岡洋一訳『良い経済学悪い経済学』日本経済新聞社、一九九七年、所収。

(15) レスター・C・サロー著、山岡・仁平訳『資本主義の未来』TBSブリタニカ、一九九六年、第二章、参照。

(16) トヨタシステムの評価については多くの論争がある。たとえば、加藤哲郎、ロブ・スティーヴン編著『日本型経営はポスト・フォーディズムか?』窓社、一九九三年、参照。

(17) 近代世界における中小工業のもっている意義については、マイケル・J・ピオリ、チャールズ・F・セーブル著、山之内靖ほか訳『第二の分水嶺』筑摩書房、一九九三年、参照。

(18) 北村裕明「公益団体の財政分析――日英比較を中心に」『彦根論叢』二二九号、一九九六年一月、一二五ページの表による。

(19) 池上惇『情報社会の文化経済学』丸善ライブラリー、一九九六年、参照。

初出一覧

第一章　東アジア資本主義史の探究――最近の研究に依拠して
　書き下ろし、二〇〇〇年三月執筆。
第二章　両大戦間期の東アジアと日本資本主義
　原題「二〇世紀初―三〇年代の東アジアと日本資本主義」。一九九七年七月一九日、立命館大学国際言語文化研究所における研究会で行った報告を文章化したもの、九七年九月二六日脱稿、九八年一月二一日一部加筆。『立命館言語文化研究』九巻五・六合併号、一九九八年三月、所載。
第三章　日本の資本主義化と中小工業――日本資本主義形成の一特質
　後藤靖編著『近代日本社会と思想』吉川弘文館、一九九二年、所載。
第四章　東アジア資本主義形成の歴史的諸条件
　原題「東アジア資本主義論・序説」。中村哲編著『東アジア資本主義の形成』青木書店、一九九四年、所載。
第五章　二〇世紀資本主義から二一世紀資本主義へ
　一九九七年三月二二日、京都民科歴史部会の例会で報告し、同年九月末―一〇月一〇日執筆。京都民科歴史部会編『新しい歴史学のために』二二八号、一九九七年一二月、所載。

中《なか》村《むら》　哲《さとる》

1931年，愛知県岡崎市大平に生まれる。
1959年，京都大学大学院文学研究科博士課程中退・京都大学人文科学研究所助手，
龍谷大学経営学部助教授，京都大学経済学部教授を経て，
現在，福井県立大学大学院経済・経営学研究科教授，京都大学名誉教授
主著
『明治維新の基礎構造』未来社，1968年
『奴隷制・農奴制の理論』東京大学出版会，1977年
『世界資本主義と明治維新』青木書店，1978年
『近代世界史像の再構成――東アジアの視点から』青木書店，1991年
『明治維新』（日本の歴史16）集英社，1992年

近代東アジア史像の再構成

2000年10月20日　初　版

著　者　中村　哲
装幀者　林　佳恵
発行者　桜井　香
発行所　株式会社　桜井書店
東京都文京区本郷1丁目5-17　三洋ビル16
〒113-0033
電話（03）5803-7353
Fax　（03）5803-7356
印刷所　株式会社　ミツワ
製本所　株式会社　難波製本

ISBN4-921190-05-4　Printed in Japan